Travel phrasebooks collection
«Everything Will Be Okay!»

CW00431717

PHRASEBOOK

— FINNISH —

By Andrey Taranov

THE MOST IMPORTANT PHRASES

This phrasebook contains the most important phrases and questions for basic communication
Everything you need to survive overseas

T&P BOOKS

Phrasebook + 3000-word dictionary

English-Finnish phrasebook & topical vocabulary

By Andrey Taranov

The collection of "Everything Will Be Okay" travel phrasebooks published by T&P Books is designed for people traveling abroad for tourism and business. The phrasebooks contain what matters most - the essentials for basic communication. This is an indispensable set of phrases to "survive" while abroad.

This book also includes a small topical vocabulary that contains roughly 3,000 of the most frequently used words. Another section of the phrasebook provides a gastronomical dictionary that may help you order food at a restaurant or buy groceries at the store.

T&P Books Publishing
www.tpbooks.com

ISBN: 978-1-78492-453-9

This book is also available in E-book formats.
Please visit www.tpbooks.com or the major online bookstores.

FOREWORD

The collection of "Everything Will Be Okay" travel phrasebooks published by T&P Books is designed for people traveling abroad for tourism and business. The phrasebooks contain what matters most - the essentials for basic communication. This is an indispensable set of phrases to "survive" while abroad.

This phrasebook will help you in most cases where you need to ask something, get directions, find out how much something costs, etc. It can also resolve difficult communication situations where gestures just won't help.

This book contains a lot of phrases that have been grouped according to the most relevant topics. The edition also includes a small vocabulary that contains roughly 3,000 of the most frequently used words. Another section of the phrasebook provides a gastronomical dictionary that may help you order food at a restaurant or buy groceries at the store.

Take "Everything Will Be Okay" phrasebook with you on the road and you'll have an irreplaceable traveling companion who will help you find your way out of any situation and teach you to not fear speaking with foreigners.

TABLE OF CONTENTS

T&P Books Publishing

PRONUNCIATION

Letter	Finnish example	T&P phonetic alphabet	English example
A a	Avara	[ɑ]	shorter than in park, card
B b	Bussi	[b]	baby, book
C c	C-rappu	[s]	city, boss
D d	Kadulla	[d]	day, doctor
E e	Pelto	[e]	elm, medal
F f	Filmi	[f]	face, food
G g	Jooga	[g]	game, gold
H h	Hattu	[h]	home, have
I i	Piha	[i]	shorter than in feet
J j	Juna	[j]	yes, New York
K k	Katu	[k]	clock, kiss
L l	Lapio	[l]	lace, people
M m	Muna	[m]	magic, milk
N n	Nainen	[n]	name, normal
O o	Kova	[o]	pod, John
P p	Papin	[p]	pencil, private
R r	Ruoka	[r]	rice, radio
S s	Suosio	[s]	city, boss
T t	Tapa	[t]	tourist, trip
U u	Uni	[u]	book
V v	Vaaka	[ʊ]	vase, winter
Y y	Tyttö	[y]	fuel, tuna
Z z	Fazer	[ts]	cats, tsetse fly
Ä ä	Älä	[æ]	chess, man
Ö ö	Pöllö	[ø]	eternal, church

Diphthongs

ää	Ihmetyttää	[æ:]	longer than in brand
öö	Miljardööri	[ø:]	first, thirsty
aa	Notaari	[a:]	calf, palm
ii	Poliisi	[i:]	feet, meter
oo	Koomikko	[o:]	fall, bomb

Letter	Finnish example	T&P phonetic alphabet	English example
uu	Nojapuut	[u:]	pool, room
yy	Flyygeli	[y:]	longer than fuel

LIST OF ABBREVIATIONS

English abbreviations

ab.	-	about
adj	-	adjective
adv	-	adverb
anim.	-	animate
as adj	-	attributive noun used as adjective
e.g.	-	for example
etc.	-	et cetera
fam.	-	familiar
fem.	-	feminine
form.	-	formal
inanim.	-	inanimate
masc.	-	masculine
math	-	mathematics
mil.	-	military
n	-	noun
pl	-	plural
pron.	-	pronoun
sb	-	somebody
sing.	-	singular
sth	-	something
v aux	-	auxiliary verb
vi	-	intransitive verb
vi, vt	-	intransitive, transitive verb
vt	-	transitive verb

FINNISH PHRASEBOOK

This section contains
important phrases that may
come in handy in various
real-life situations.
The phrasebook will help
you ask for directions, clarify
a price, buy tickets, and
order food at a restaurant

T&P Books Publishing

PHRASEBOOK
CONTENTS

T&P Books Publishing

The bare minimum

Excuse me, ...	**Anteeksi, ...** [ante:ksi, ...]
Hello.	**Hei.** [hej]
Thank you.	**Kiitos.** [ki:tos]
Good bye.	**Näkemiin.** [nækemi:n]
Yes.	**Kyllä.** [kyllæ]
No.	**Ei.** [ej]
I don't know.	**En tiedä.** [en tiedæ]
Where? | Where to? | When?	**Missä? | Minne? | Milloin?** [missæ? | minne? | millojn?]

I need ...	**Tarvitsen ...** [tɑrʋitsen ...]
I want ...	**Haluan ...** [hɑluɑn ...]
Do you have ...?	**Onko sinulla ...?** [oŋko sinulla ...?]
Is there a ... here?	**Onko täällä ...?** [oŋko tæ:llæ ...?]
May I ...?	**Voinko ...?** [vojŋko ...?]
..., please (polite request)	**..., kiitos** [..., ki:tos]

I'm looking for ...	**Etsin ...** [etsin ...]
restroom	**WC** [ʋɛsɛ]
ATM	**pankkiautomaatti** [paŋkkiautoma:tti]
pharmacy (drugstore)	**apteekki** [apte:kki]
hospital	**sairaala** [sɑjrɑ:la]
police station	**poliisiasema** [poli:siasema]
subway	**metro** [metro]

taxi	**taksi** [taksi]
train station	**rautatieasema** [rautatieasema]

My name is ...	**Nimeni on ...** [nimeni on ...]
What's your name?	**Mikä sinun nimesi on?** [mikæ sinun nimesi on?]
Could you please help me?	**Voisitko auttaa minua?** [vojsitko autta: minua?]
I've got a problem.	**Minulla on ongelma.** [minulla on oŋgelma]
I don't feel well.	**En voi hyvin.** [en voj hyvin]
Call an ambulance!	**Soita ambulanssi!** [sojta ambulanssi!]
May I make a call?	**Voisinko soittaa?** [vojsiŋko sojtta:?]

I'm sorry.	**Olen pahoillani.** [olen pahojllani]
You're welcome.	**Ole hyvä.** [ole hyvæ]

I, me	**minä	mä** [minæ	mæ]
you (inform.)	**sinä	sä** [sinæ	sæ]
he	**hän	se** [hæn	se]
she	**hän	se** [hæn	se]
they (masc.)	**he	ne** [he	ne]
they (fem.)	**he	ne** [he	ne]
we	**me** [me]
you (pl)	**te** [te]
you (sg, form.)	**sinä** [sinæ]

ENTRANCE	**SISÄÄN** [sisæ:n]
EXIT	**ULOS** [ulos]
OUT OF ORDER	**EPÄKUNNOSSA** [epækunnossa]
CLOSED	**SULJETTU** [suljettu]

OPEN **AVOIN**
[avojn]

FOR WOMEN **NAISILLE**
[najsille]

FOR MEN **MIEHILLE**
[miehille]

Questions

Where?	**Missä?** [missæ?]
Where to?	**Mihin?** [mihin?]
Where from?	**Mistä?** [mistæ?]
Why?	**Miksi?** [miksi?]
For what reason?	**Mistä syystä?** [mistæ sy:stæ?]
When?	**Milloin?** [millojn?]

How long?	**Kuinka kauan?** [kujŋka kauan?]
At what time?	**Mihin aikaan?** [mihin ajka:n?]
How much?	**Kuinka paljon?** [kujŋka paljon?]
Do you have ...?	**Onko sinulla ...?** [oŋko sinulla ...?]
Where is ...?	**Missä on ...?** [missæ on ...?]

What time is it?	**Paljonko kello on?** [paljoŋko kello on?]
May I make a call?	**Voisinko soittaa?** [vojsiŋko sojtta:?]
Who's there?	**Kuka siellä?** [kuka siellæ?]
Can I smoke here?	**Saako täällä polttaa?** [sa:ko tæ:llæ poltta:?]
May I ...?	**Saanko ...?** [sa:ŋko ...?]

Needs

I'd like ...	**Haluaisin ...** [haluajsin ...]
I don't want ...	**En halua ...** [en halua ...]
I'm thirsty.	**Minulla on jano.** [minulla on jano]
I want to sleep.	**Haluan nukkua.** [haluan nukkua]

I want ...	**Haluan ...** [haluan ...]
to wash up	**peseytyä** [peseytyæ]
to brush my teeth	**harjata hampaani** [harjata hampa:ni]
to rest a while	**levätä vähän** [levætæ væhæn]
to change my clothes	**vaihtaa vaatteet** [vajhta: va:tte:t]

to go back to the hotel	**palata takaisin hotelliin** [palata takajsin hotelli:n]
to buy ...	**ostaa ...** [osta: ...]
to go to ...	**mennä ...** [mennæ ...]
to visit ...	**käydä ...** [kæydæ ...]
to meet with ...	**tavata ...** [tavata ...]
to make a call	**soittaa ...** [sojtta: ...]

I'm tired.	**Olen väsynyt.** [olen væsynyt]
We are tired.	**Olemme väsyneitä.** [olemme væsynejtæ]
I'm cold.	**Minulla on kylmä.** [minulla on kylmæ]
I'm hot.	**Minulla on kuuma.** [minulla on ku:ma]
I'm OK.	**Voin hyvin.** [vojn hyvin]

I need to make a call. | **Minun täytyy soittaa yksi puhelu.**
[minun tæyty: sojttɑ: yksi puhelu]

I need to go to the restroom. | **Minun täytyy mennä vessaan.**
[minun tæyty: mennæ ʋessɑ:n]

I have to go. | **Minun täytyy lähteä.**
[minun tæyty: ʎæhteæ]

I have to go now. | **Minun täytyy lähteä nyt.**
[minun tæyty: ʎæhteæ nyt]

Asking for directions

Excuse me, ...	**Anteeksi, ...** [ante:ksi, ...]
Where is ...?	**Missä on ...?** [missæ on ...?]
Which way is ...?	**Miten pääsen ...?** [miten pæ:sen ...?]
Could you help me, please?	**Voisitko auttaa minua?** [vojsitko autta: minua?]

I'm looking for ...	**Etsin ...** [etsin ...]
I'm looking for the exit.	**Etsin uloskäyntiä.** [etsin uloskæyntiæ]
I'm going to ...	**Menen ...** [menen ...]
Am I going the right way to ...?	**Onko tämä oikea tie ...?** [oŋko tæmæ ojkea tie ...?]

Is it far?	**Onko se kaukana?** [oŋko se kaukana?]
Can I get there on foot?	**Voiko sinne kävellä?** [vojko sinne kæuellæ?]
Can you show me on the map?	**Voitko näyttää minulle kartalta?** [vojtko næyttæ: minulle kartalta?]
Show me where we are right now.	**Voitko näyttää, missä me olemme nyt.** [vojtko næyttæ:, missæ me olemme nyt]

Here	**Täällä** [tæ:llæ]
There	**Siellä** [siellæ]
This way	**Tännepäin.** [tænnepæjn]

Turn right.	**Käänny oikealle.** [kæ:nny ojkealle]
Turn left.	**Käänny vasemmalle.** [kæ:nny uasemmalle]
first (second, third) turn	**ensimmäinen (toinen, kolmas)** **käännös** [ensimmæjnen (tojnen, kolmas) kæ:nnøs]
to the right	**oikealle** [ojkealle]

to the left **vasemmalle**
[ʋɑsemmɑlle]

Go straight. **Mene suoraan eteenpäin.**
[mene suorɑːn eteːnpæjn]

Signs

WELCOME!	**TERVETULOA!** [tervetuloa!]
ENTRANCE	**SISÄÄN** [sisæ:n]
EXIT	**ULOS** [ulos]

PUSH	**TYÖNNÄ** [työnnæ]
PULL	**VEDÄ** [vedæ]
OPEN	**AVOIN** [avojn]
CLOSED	**SULJETTU** [suljettu]

FOR WOMEN	**NAISILLE** [nɑjsille]
FOR MEN	**MIEHILLE** [miehille]
MEN, GENTS	**MIEHET** [miehet]
WOMEN, LADIES	**NAISET** [nɑjset]

DISCOUNTS	**MYYNTI** [my:nti]
SALE	**ALE** [ale]
FREE	**ILMAINEN** [ilmɑjnen]
NEW!	**UUTUUS!** [u:tu:s!]
ATTENTION!	**HUOMIO!** [huomio!]

NO VACANCIES	**TÄYNNÄ** [tæynnæ]
RESERVED	**VARATTU** [varattu]
ADMINISTRATION	**HALLINTOHENKILÖSTÖ** [hallintoheŋkilöstö]
STAFF ONLY	**VAIN HENKILÖKUNTA** [vɑjn heŋkilökunta]

BEWARE OF THE DOG!	**VARO KOIRAA!** [varo kojra:!]
NO SMOKING!	**TUPAKOINTI KIELLETTY!** [tupakojnti kielletty!]
DO NOT TOUCH!	**ÄLÄ KOSKE!** [æʎæ koske!]
DANGEROUS	**VAARALLINEN** [va:rallinen]
DANGER	**VAARA** [va:ra]
HIGH VOLTAGE	**KORKEAJÄNNITE** [korkeajænnite]
NO SWIMMING!	**UIMINEN KIELLETTY!** [ujminen kielletty!]

OUT OF ORDER	**EPÄKUNNOSSA** [epækunnossa]
FLAMMABLE	**HELPOSTI SYTTYVÄ** [helposti syttyvæ]
FORBIDDEN	**KIELLETTY** [kielletty]
NO TRESPASSING!	**LÄPIKULKU KIELLETTY** [llæpikulku kielletty]
WET PAINT	**VASTAMAALATTU** [vastama:lattu]

CLOSED FOR RENOVATIONS	**SULJETTU REMONTIN VUOKSI** [suljettu remontin vuoksi]
WORKS AHEAD	**TIETYÖ** [tietyö]
DETOUR	**KIERTOTIE** [kiertotie]

Transportation. General phrases

plane	**lentokone** [lentokone]
train	**juna** [juna]
bus	**bussi** [bussi]
ferry	**lautta** [lautta]
taxi	**taksi** [taksi]
car	**auto** [auto]

schedule	**aikataulu** [ajkataulu]
Where can I see the schedule?	**Missä voisin nähdä aikataulun?** [missæ uojsin næhdæ ajkataulun?]
workdays (weekdays)	**arkipäivät** [arkipæjuæt]
weekends	**viikonloput** [ui:konloput]
holidays	**pyhäpäivät** [pyhæpæjuæt]

DEPARTURE	**LÄHTEVÄT** [ʎæhtevæt]
ARRIVAL	**SAAPUVAT** [sa:puvat]
DELAYED	**MYÖHÄSSÄ** [myöhæssæ]
CANCELED	**PERUUTETTU** [peru:tettu]

next (train, etc.)	**seuraava** [seura:ua]
first	**ensimmäinen** [ensimmæjnen]
last	**viimeinen** [ui:mejnen]

When is the next ...?	**Milloin on seuraava ...?** [millojn on seura:ua ...?]
When is the first ...?	**Milloin on ensimmäinen ...?** [millojn on ensimmæjnen ...?]

When is the last ...?

Milloin on viimeinen ...?
[millojn on ʋi:mejnen ...?]

transfer (change of trains, etc.)

vaihto
[ʋɑjhto]

to make a transfer

vaihtaa
[ʋɑjhtɑ:]

Do I need to make a transfer?

Täytyykö minun tehdä vaihto?
[tæyty:kø minun tehdæ ʋɑjhto?]

Buying tickets

Where can I buy tickets?
Mistä voin ostaa lippuja?
[mistæ uojn osta: lippuja?]

ticket
lippu
[lippu]

to buy a ticket
ostaa lippu
[osta: lippu]

ticket price
lipun hinta
[lipun hinta]

Where to?
Mihin?
[mihin?]

To what station?
Mille asemalle?
[mille asemalle?]

I need ...
Tarvitsen ...
[taruitsen ...]

one ticket
yhden lipun
[yhden lipun]

two tickets
kaksi lippua
[kaksi lippua]

three tickets
kolme lippua
[kolme lippua]

one-way
menolippu
[menolippu]

round-trip
menopaluu
[menopalu:]

first class
ensimmäinen luokka
[ensimmæjnen luokka]

second class
toinen luokka
[tojnen luokka]

today
tänään
[tænæ:n]

tomorrow
huomenna
[huomenna]

the day after tomorrow
ylihuomenna
[ylihuomenna]

in the morning
aamulla
[a:mulla]

in the afternoon
iltapäivällä
[iltapæjuællæ]

in the evening
illalla
[illalla]

aisle seat

käytäväpaikka
[kæytæʊæpɑjkkɑ]

window seat

ikkunapaikka
[ikkunɑpɑjkkɑ]

How much?

Kuinka paljon?
[kujŋkɑ pɑljon?]

Can I pay by credit card?

Voinko maksaa luottokortilla?
[vojŋko mɑksɑː luottokortillɑ?]

Bus

bus	**bussi** [bussi]
intercity bus	**linja-auto** [linja-auto]
bus stop	**bussipysäkki** [bussipysækki]
Where's the nearest bus stop?	**Missä on lähin bussipysäkki?** [missæ on ʎæhin bussipysækki?]

number (bus ~, etc.)	**numero** [numero]
Which bus do I take to get to ...?	**Millä bussilla pääsen ...?** [millæ bussilla pæ:sen ...?]
Does this bus go to ...?	**Meneekö tämä bussi ...?** [mene:kø tæmæ bussi ...?]
How frequent are the buses?	**Kuinka usein bussit kulkevat?** [kujŋka usejn bussit kulkeuat?]

every 15 minutes	**viidentoista minuutin välein** [ʋi:dentojsta minu:tin uælejn]
every half hour	**puolen tunnin välein** [puolen tunnin uælejn]
every hour	**joka tunti** [joka tunti]
several times a day	**useita kertoja päivässä** [usejta kertoja pæjuæssæ]
... times a day	**... kertaa päivässä** [... kerta: pæjuæssæ]

schedule	**aikataulu** [ajkataulu]
Where can I see the schedule?	**Missä voisin nähdä aikataulun?** [missæ uojsin næhdæ ajkataulun?]
When is the next bus?	**Milloin seuraava bussi menee?** [millojn seura:ua bussi mene:?]
When is the first bus?	**Milloin ensimmäinen bussi menee?** [millojn ensimmæjnen bussi mene:?]
When is the last bus?	**Milloin viimeinen bussi menee?** [millojn ui:mejnen bussi mene:?]

stop	**pysäkki** [pysækki]
next stop	**seuraava pysäkki** [seura:ua pysækki]

last stop (terminus)

päätepysäkki
[pæ:tepysækki]

Stop here, please.

Pysähdy tähän, kiitos.
[pysæhdy tæhæn, ki:tos]

Excuse me, this is my stop.

Anteeksi, jään pois tässä.
[ante:ksi, jæ:n pojs tæssæ]

Train

train	**juna** [juna]
suburban train	**lähijuna** [ʎæhijuna]
long-distance train	**kaukojuna** [kaukojuna]
train station	**rautatieasema** [rautatieasema]
Excuse me, where is the exit to the platform?	**Anteeksi, mistä pääsen laiturille?** [ante:ksi, mistæ pæ:sen lajturille?]
Does this train go to ...?	**Meneekö tämä juna ...?** [mene:kø tæmæ juna ...?]
next train	**seuraava juna** [seura:ʋa juna]
When is the next train?	**Milloin seuraava juna lähtee?** [millojn seura:ʋa juna llæhte:?]
Where can I see the schedule?	**Missä voisin nähdä aikataulun?** [missæ ʋojsin næhdæ ajkataulun?]
From which platform?	**Miltä laiturilta?** [miltæ lajturilta?]
When does the train arrive in ...?	**Milloin juna saapuu ...?** [millojn juna sa:pu: ...?]
Please help me.	**Auttaisitko minua, kiitos.** [auttajsitko minua, ki:tos]
I'm looking for my seat.	**Etsin paikkaani.** [etsin pajkka:ni]
We're looking for our seats.	**Etsimme paikkojamme.** [etsimme pajkkojamme]
My seat is taken.	**Paikkani on varattu.** [pajkkani on ʋarattu]
Our seats are taken.	**Paikkamme ovat varattuja.** [pajkkamme oʋat ʋarattuja]
I'm sorry but this is my seat.	**Olen pahoillani, mutta tämä on minun paikkani.** [olen pahojllani, mutta tæmæ on minun pajkkani]
Is this seat taken?	**Onko tämä paikka varattu?** [oŋko tæmæ pajkka ʋarattu?]
May I sit here?	**Voinko istua tähän?** [vojŋko istua tæhæn?]

On the train. Dialogue (No ticket)

Ticket, please.

Lippunne, kiitos.
[lippunne, ki:tos]

I don't have a ticket.

Minulla ei ole lippua.
[minulla ej ole lippua]

I lost my ticket.

Kadotin lippuni.
[kadotin lippuni]

I forgot my ticket at home.

Unohdin lippuni kotiin.
[unohdin lippuni koti:n]

You can buy a ticket from me.

Voit ostaa lipun minulta.
[vojt osta: lipun minulta]

You will also have to pay a fine.

Sinun täytyy maksaa myös sakko.
[sinun tæyty: maksa: myøs sakko]

Okay.

Hyvä on.
[hyuæ on]

Where are you going?

Minne olet menossa?
[minne olet menossa?]

I'm going to ...

Menen ...
[menen ...]

How much? I don't understand.

Kuinka paljon? En ymmärrä.
[kujŋka paljon? en ymmærræ]

Write it down, please.

Voisitko kirjoittaa sen.
[vojsitko kirjojtta: sen]

Okay. Can I pay with a credit card?

Hyvä on.
Voinko maksaa luottokortilla?
[hyuæ on vojŋko maksa:
luottokortilla?]

Yes, you can.

Kyllä voit.
[kyllæ uojt]

Here's your receipt.

Tässä on kuittinne.
[tæssæ on kujttinne]

Sorry about the fine.

Olen pahoillani sakosta.
[olen pahojllani sakosta]

That's okay. It was my fault.

Ei hätää. Se oli minun vikani.
[ej hætæ:. se oli minun uikani]

Enjoy your trip.

Mukavaa matkaa.
[mukaua: matka:]

Taxi

taxi	**taksi** [taksi]
taxi driver	**taksinkuljettaja** [taksiŋkuljettaja]
to catch a taxi	**ottaa taksi** [otta: taksi]
taxi stand	**taksipysäkki** [taksipysækki]
Where can I get a taxi?	**Mistä voin saada taksin?** [mistæ ʋojn sa:da taksin?]
to call a taxi	**soittaa taksi** [sojtta: taksi]
I need a taxi.	**Tarvitsen taksin.** [tarʋitsen taksin]
Right now.	**Juuri nyt.** [ju:ri nyt]
What is your address (location)?	**Mikä on osoitteesi?** [mikæ on osojtte:si?]
My address is ...	**Osoitteeni on ...** [osojtte:ni on ...]
Your destination?	**Mihin olet menossa?** [mihin olet menossa?]
Excuse me, ...	**Anteeksi, ...** [ante:ksi, ...]
Are you available?	**Oletko vapaa?** [oletko ʋapa:?]
How much is it to get to ...?	**Kuinka paljon maksaa mennä ...?** [kujŋka paljon maksa: mennæ ...?]
Do you know where it is?	**Tiedätkö, missä se on?** [tiedætkø, missæ se on?]
Airport, please.	**Lentokentälle, kiitos.** [lentokentælle, ki:tos]
Stop here, please.	**Pysähdy tähän, kiitos.** [pysæhdy tæhæn, ki:tos]
It's not here.	**Se ei ole täällä.** [se ej ole tæ:llæ]
This is the wrong address.	**Tämä on väärä osoite.** [tæmæ on ʋæ:ræ osojte]
Turn left.	**Käänny vasemmalle.** [kæ:nny ʋasemmalle]
Turn right.	**Käänny oikealle.** [kæ:nny ojkealle]

How much do I owe you?

Kuinka paljon olen velkaa?
[kujŋka paljon olen velka:?]

I'd like a receipt, please.

Voisinko saada kuitin.
[vojsiŋko sa:da kujtin]

Keep the change.

Voit pitää vaihtorahat.
[vojt pitæ: vajhtorahat]

Would you please wait for me?

Odottaisitko minua?
[odottajsitko minua?]

five minutes

viisi minuuttia
[vi:si minu:ttia]

ten minutes

kymmenen minuuttia
[kymmenen minu:ttia]

fifteen minutes

viisitoista minuuttia
[vi:sitojsta minu:ttia]

twenty minutes

kaksikymmentä minuuttia
[kaksikymmentæ minu:ttia]

half an hour

puoli tuntia
[puoli tuntia]

Hotel

Hello.	**Hei.** [hej]
My name is ...	**Nimeni on ...** [nimeni on ...]
I have a reservation.	**Minulla on varaus.** [minulla on varaus]
I need ...	**Tarvitsen ...** [tarvitsen ...]
a single room	**yhden hengen huoneen** [yhden heŋgen huone:n]
a double room	**kahden hengen huoneen** [kahden heŋgen huone:n]
How much is that?	**Kuinka paljon se maksaa?** [kujŋka paljon se maksa:?]
That's a bit expensive.	**Se on aika kallis.** [se on ajka kallis]
Do you have any other options?	**Onko muita vaihtoehtoja?** [oŋko mujta vajhtoehtoja?]
I'll take it.	**Otan sen.** [otan sen]
I'll pay in cash.	**Maksan käteisellä.** [maksan kætejsellæ]
I've got a problem.	**Minulla on ongelma.** [minulla on oŋgelma]
My ... is broken.	**Minun ... on rikki.** [minun ... on rikki]
My ... is out of order.	**Minun ... on epäkunnossa.** [minun ... on epækunnossa]
TV	**TV** [tɛvɛ]
air conditioning	**ilmastointi** [ilmastojnti]
tap	**hana** [hana]
shower	**suihku** [sujhku]
sink	**allas** [allas]
safe	**kassakaappi** [kassaka:ppi]

door lock	**oven lukko** [oʋen lukko]
electrical outlet	**sähköpistorasia** [sæhkøpistorasia]
hairdryer	**hiustenkuivaaja** [hiusteŋkujʋaːja]

I don't have …	**Huoneessani ei ole …** [huoneːssani ej ole …]
water	**vettä** [ʋettæ]
light	**valoa** [ʋaloa]
electricity	**sähköä** [sæhkøæ]

Can you give me …?	**Voisitko antaa minulle …?** [vojsitko antaː minulle …?]
a towel	**pyyhkeen** [pyːhkeːn]
a blanket	**peitteen** [pejtteːn]
slippers	**aamutossut** [aːmutossut]
a robe	**aamutakin** [aːmutakin]
shampoo	**sampoo** [sampoː]
soap	**saippuan** [sajppuan]

I'd like to change rooms.	**Haluaisin vaihtaa huonetta.** [haluajsin ʋajhtaː huonetta]
I can't find my key.	**En löydä avaintani.** [en løydæ aʋajntani]
Could you open my room, please?	**Voisitko avata huoneeni oven?** [vojsitko aʋata huoneːni oʋen?]
Who's there?	**Kuka siellä?** [kuka siellæ?]
Come in!	**Tule sisään!** [tule sisæːn!]
Just a minute!	**Hetki vain!** [hetki ʋajn!]
Not right now, please.	**Ei juuri nyt, kiitos.** [ej juːri nyt, kiːtos]

Come to my room, please.	**Voisitko tulla huoneeseeni.** [vojsitko tulla huoneːseːni]
I'd like to order food service.	**Haluaisin tilata huonepalvelusta.** [haluajsin tilata huonepalʋelusta]
My room number is …	**Huoneeni numero on …** [huoneːni numero on …]

I'm leaving ...	**Olen lähdössä ...** [olen ʎæhdøssæ ...]
We're leaving ...	**Olemme lähdössä ...** [olemme ʎæhdøssæ ...]
right now	**juuri nyt** [juːri nyt]
this afternoon	**tänä iltapäivänä** [tænæ iltɑpæjʋænæ]
tonight	**tänä iltana** [tænæ iltɑnɑ]
tomorrow	**huomenna** [huomennɑ]
tomorrow morning	**huomenaamuna** [huomenɑːmunɑ]
tomorrow evening	**huomenillalla** [huomenillɑllɑ]
the day after tomorrow	**ylihuomenna** [ylihuomennɑ]

I'd like to pay.	**Haluaisin maksaa.** [hɑluɑjsin mɑksɑː]
Everything was wonderful.	**Kaikki oli mahtavaa.** [kɑjkki oli mɑhtɑʋɑː]
Where can I get a taxi?	**Mistä voin saada taksin?** [mistæ ʋojn sɑːdɑ tɑksin?]
Would you call a taxi for me, please?	**Voisitko soittaa minulle taksin, kiitos?** [vojsitko sojttɑː minulle tɑksin, kiːtos?]

Restaurant

Can I look at the menu, please?	**Saisinko katsoa ruokalistaa, kiitos?** [sɑjsiŋko kɑtsoɑ ruokɑlistɑ:, ki:tos?]
Table for one.	**Pöytä yhdelle.** [pøytæ yhdelle]
There are two (three, four) of us.	**Meitä on kaksi (kolme, neljä).** [mejtæ on kɑksi (kolme, neljæ)]
Smoking	**Tupakointi** [tupɑkojnti]
No smoking	**Tupakointi kielletty** [tupɑkojnti kielletty]
Excuse me! (addressing a waiter)	**Anteeksi!** [ɑnte:ksi!]
menu	**ruokalista** [ruokɑlistɑ]
wine list	**viinilista** [ʋi:nilistɑ]
The menu, please.	**Ruokalista, kiitos.** [ruokɑlistɑ, ki:tos]
Are you ready to order?	**Oletteko valmis tilaamaan?** [oletteko ʋɑlmis tilɑ:mɑ:n?]
What will you have?	**Mitä haluaisitte?** [mitæ hɑluɑjsitte?]
I'll have ...	**Otan ...** [otɑn ...]
I'm a vegetarian.	**Olen kasvissyöjä.** [olen kɑsʋissyøjæ]
meat	**liha** [lihɑ]
fish	**kala** [kɑlɑ]
vegetables	**vihannekset** [ʋihɑnnekset]
Do you have vegetarian dishes?	**Onko teillä kasvisruokaa?** [oŋko tejllæ kɑsʋisruokɑ:?]
I don't eat pork.	**En syö sianlihaa.** [en syø siɑnlihɑ:]
He /she/ doesn't eat meat.	**Hän ei syö lihaa.** [hæn ej syø lihɑ:]
I am allergic to ...	**Olen allerginen ...** [olen ɑllerginen ...]

Would you please bring me ...

Toisitteko minulle ...
[tojsitteko minulle ...]

salt | pepper | sugar

suola | pippuri | sokeri
[suola | pippuri | sokeri]

coffee | tea | dessert

kahvi | tee | jälkiruoka
[kahui | te: | jælkiruoka]

water | sparkling | plain

vesi | hiilihapollinen | tavallinen
[uesi | hi:lihapollinen | tauallinen]

a spoon | fork | knife

lusikka | haarukka | veitsi
[lusikka | ha:rukka | uejtsi]

a plate | napkin

lautanen | lautasliina
[lautanen | lautasli:na]

Enjoy your meal!

Hyvää ruokahalua!
[hyuæ: ruokahalua!]

One more, please.

Toinen samanlainen, kiitos.
[tojnen samanlajnen, ki:tos]

It was very delicious.

Se oli todella herkullista.
[se oli todella herkullista]

check | change | tip

lasku | vaihtoraha | tippi
[lasku | uajhtoraha | tippi]

Check, please.
(Could I have the check, please?)

Lasku, kiitos.
[lasku, ki:tos]

Can I pay by credit card?

Voinko maksaa luottokortilla?
[vojŋko maksa: luottokortilla?]

I'm sorry, there's a mistake here.

Olen pahoillani, mutta tässä on virhe.
[olen pahojllani, mutta tæssæ on uirhe]

Shopping

Can I help you?	**Voinko auttaa?** [vojŋko autta:?]
Do you have ...?	**Onko teillä ...?** [oŋko tejllæ ...?]
I'm looking for ...	**Etsin ...** [etsin ...]
I need ...	**Tarvitsen ...** [tarvitsen ...]
I'm just looking.	**Katselen vain.** [katselen vajn]
We're just looking.	**Katselemme vain.** [katselemme vajn]
I'll come back later.	**Palaan takaisin myöhemmin.** [pala:n takajsin myøhemmin]
We'll come back later.	**Palaamme takaisin myöhemmin.** [pala:mme takajsin myøhemmin]
discounts | sale	**alennukset | ale** [alennukset | ale]
Would you please show me ...	**Näyttäisitkö minulle ...** [næyttæjsitkø minulle ...]
Would you please give me ...	**Antaisitko minulle ...** [antajsitko minulle ...]
Can I try it on?	**Voinko kokeilla tätä?** [vojŋko kokejlla tætæ?]
Excuse me, where's the fitting room?	**Anteeksi, missä on sovituskoppi?** [ante:ksi, missæ on sovituskoppi?]
Which color would you like?	**Minkä värisen haluaisitte?** [miŋkæ værisen haluajsitte?]
size | length	**koko | pituus** [koko | pitu:s]
How does it fit?	**Kuinka tämä istuu?** [kujŋka tæmæ istu:?]
How much is it?	**Kuinka paljon se maksaa?** [kujŋka paljon se maksa:?]
That's too expensive.	**Se on liian kallis.** [se on li:an kallis]
I'll take it.	**Otan sen.** [otan sen]
Excuse me, where do I pay?	**Anteeksi, missä voin maksaa?** [ante:ksi, missæ vojn maksa:?]

Will you pay in cash or credit card?

**Maksatteko käteisellä
vai luottokortilla?**
[maksatteko kætejsellæ
uɑj luottokortilla?]

In cash | with credit card

Käteisellä | luottokortilla
[kætejsellæ | luottokortilla]

Do you want the receipt?

Haluaisitteko kuitin?
[haluɑjsitteko kujtin?]

Yes, please.

Kyllä kiitos.
[kyllæ ki:tos]

No, it's OK.

Ei, en halua.
[ej, en halua]

Thank you. Have a nice day!

Kiitos. Mukavaa päivää!
[ki:tos. mukɑuɑ: pæjuæ:!]

In town

Excuse me, please.	**Anteeksi.** [anteːksi]
I'm looking for ...	**Etsin ...** [etsin ...]
the subway	**metro** [metro]
my hotel	**hotellini** [hotellini]
the movie theater	**elokuvateatteri** [elokuʋateatteri]
a taxi stand	**taksipysäkki** [taksipysækki]
an ATM	**pankkiautomaatti** [paŋkkiautomaːtti]
a foreign exchange office	**valuutanvaihtopiste** [ʋaluːtanʋajhtopiste]
an internet café	**Internet-kahvila** [internet-kahʋila]
... street	**... katu** [... katu]
this place	**tämä paikka** [tæmæ pajkka]
Do you know where ... is?	**Tiedättekö, missä on ...?** [tiedættekø, missæ on ...?]
Which street is this?	**Mikä katu tämä on?** [mikæ katu tæmæ on?]
Show me where we are right now.	**Voisitteko näyttää minulle,** **missä me olemme nyt.** [vojsitteko næyttæː minulle, missæ me olemme nyt]
Can I get there on foot?	**Voiko sinne kävellä?** [vojko sinne kæʋellæ?]
Do you have a map of the city?	**Onko teillä kaupungin karttaa?** [oŋko tejllæ kaupuŋgin karttaː?]
How much is a ticket to get in?	**Kuinka paljon pääsylippu maksaa?** [kujŋka paljon pæːsylippu maksaː?]
Can I take pictures here?	**Voinko ottaa täällä kuvia?** [vojŋko ottaː tæːllæ kuʋia?]
Are you open?	**Oletteko auki?** [oletteko auki?]

When do you open?   **Milloin aukeatte?**
[millojn aukeatte?]

When do you close?   **Milloin menette kiinni?**
[millojn menette ki:nni?]

Money

money	**raha** [raha]
cash	**käteinen** [kætejnen]
paper money	**setelit** [setelit]
loose change	**pikkuraha** [pikkuraha]
check | change | tip	**lasku | vaihtoraha | tippi** [lasku | vajhtoraha | tippi]

credit card	**luottokortti** [luottokortti]
wallet	**lompakko** [lompakko]
to buy	**ostaa** [osta:]
to pay	**maksaa** [maksa:]
fine	**sakko** [sakko]
free	**ilmainen** [ilmajnen]

Where can I buy ...?	**Mistä voin ostaa ...?** [mistæ vojn osta: ...?]
Is the bank open now?	**Onko pankki nyt auki?** [oŋko paŋkki nyt auki?]
When does it open?	**Milloin se aukeaa?** [millojn se aukea:?]
When does it close?	**Milloin se menee kiinni?** [millojn se mene: ki:nni?]

How much?	**Kuinka paljon?** [kujŋka paljon?]
How much is this?	**Kuinka paljon tämä maksaa?** [kujŋka paljon tæmæ maksa:?]
That's too expensive.	**Se on liian kallis.** [se on li:an kallis]

| Excuse me, where do I pay? | **Anteeksi, missä voin maksaa?**
[ante:ksi, missæ vojn maksa:?] |
| Check, please. | **Lasku, kiitos.**
[lasku, ki:tos] |

Can I pay by credit card?

Voinko maksaa luottokortilla?
[vojŋko maksɑ: luottokortillɑ?]

Is there an ATM here?

Onko täällä pankkiautomaattia?
[oŋko tæ:llæ paŋkkiɑutomɑ:ttiɑ?]

I'm looking for an ATM.

Etsin pankkiautomaattia.
[etsin paŋkkiɑutomɑ:ttiɑ]

I'm looking for a foreign exchange office.

Etsin valuutanvaihtopistettä.
[etsin ʋɑlu:tanʋɑjhtopistettæ]

I'd like to change ...

Haluaisin vaihtaa ...
[hɑluɑjsin ʋɑjhtɑ: ...]

What is the exchange rate?

Mikä on vaihtokurssi?
[mikæ on ʋɑjhtokurssi?]

Do you need my passport?

Tarvitsetteko passini?
[tɑrʋitsetteko passini?]

Time

What time is it?	**Paljonko kello on?** [paljoŋko kello on?]
When?	**Milloin?** [millojn?]
At what time?	**Mihin aikaan?** [mihin ajkɑːn?]
now | later | after …	**nyt | myöhemmin | jälkeen …** [nyt | myøhemmin | jælkeːn …]

one o'clock	**kello yksi** [kello yksi]
one fifteen	**vartin yli yksi** [uɑrtin yli yksi]
one thirty	**puoli kaksi** [puoli kɑksi]
one forty-five	**varttia vaille kaksi** [uɑrttiɑ uɑjlle kɑksi]

one | two | three	**yksi | kaksi | kolme** [yksi | kɑksi | kolme]
four | five | six	**neljä | viisi | kuusi** [neljæ | uiːsi | kuːsi]
seven | eight | nine	**seitsemän | kahdeksan | yhdeksän** [sejtsemæn | kahdeksan | yhdeksæn]
ten | eleven | twelve	**kymmenen | yksitoista | kaksitoista** [kymmenen | yksitojsta | kaksitojsta]

in …	**… kuluttua** [… kuluttuɑ]
five minutes	**viiden minuutin kuluttua** [uiːden minuːtin kuluttuɑ]
ten minutes	**kymmenen minuutin kuluttua** [kymmenen minuːtin kuluttuɑ]
fifteen minutes	**viidentoista minuutin kuluttua** [uiːdentojsta minuːtin kuluttuɑ]
twenty minutes	**kahdenkymmenen minuutin kuluttua** [kahdeŋkymmenen minuːtin kuluttuɑ]

half an hour	**puolen tunnin kuluttua** [puolen tunnin kuluttuɑ]
an hour	**tunnin kuluttua** [tunnin kuluttuɑ]

in the morning	**aamulla** [ɑːmullɑ]
early in the morning	**aikaisin aamulla** [ɑjkɑjsin ɑːmullɑ]
this morning	**tänä aamuna** [tænæ ɑːmunɑ]
tomorrow morning	**huomenaamuna** [huomenɑːmunɑ]

at noon	**keskipäivällä** [keskipæjʋællæ]
in the afternoon	**iltapäivällä** [iltɑpæjʋællæ]
in the evening	**illalla** [illɑllɑ]
tonight	**tänä iltana** [tænæ iltɑnɑ]

at night	**yöllä** [yøllæ]
yesterday	**eilen** [ejlen]
today	**tänään** [tænæːn]
tomorrow	**huomenna** [huomennɑ]
the day after tomorrow	**ylihuomenna** [ylihuomennɑ]

What day is it today?	**Mikä päivä tänään on?** [mikæ pæjʋæ tænæːn on?]
It's …	**Tänään on …** [tænæːn on …]
Monday	**maanantai** [mɑːnɑntɑj]
Tuesday	**tiistai** [tiːstɑj]
Wednesday	**keskiviikko** [keskiʋiːkko]

Thursday	**torstai** [torstɑj]
Friday	**perjantai** [perjɑntɑj]
Saturday	**lauantai** [lɑuɑntɑj]
Sunday	**sunnuntai** [sunnuntɑj]

Greetings. Introductions

Hello.

Hei.
[hej]

Pleased to meet you.

Mukava tavata.
[mukava tavata]

Me too.

Samoin.
[samojn]

I'd like you to meet ...

Saanko esitellä ...
[saːŋko esitellæ ...]

Nice to meet you.

Hauska tavata.
[hauska tavata]

How are you?

Kuinka voit?
[kujŋka ʋojt?]

My name is ...

Nimeni on ...
[nimeni on ...]

His name is ...

Hänen nimensä on ...
[hænen nimensæ on ...]

Her name is ...

Hänen nimensä on ...
[hænen nimensæ on ...]

What's your name?

Mikä sinun nimesi on?
[mikæ sinun nimesi on?]

What's his name?

Mikä hänen nimensä on?
[mikæ hænen nimensæ on?]

What's her name?

Mikä hänen nimensä on?
[mikæ hænen nimensæ on?]

What's your last name?

Mikä on sukunimesi?
[mikæ on sukunimesi?]

You can call me ...

Voit soittaa minulle ...
[vojt sojttaː minulle ...]

Where are you from?

Mistä olet kotoisin?
[mistæ olet kotojsin?]

I'm from ...

Olen ...
[olen ...]

What do you do for a living?

Mitä teet työksesi?
[mitæ teːt työksesi?]

Who is this?

Kuka tämä on?
[kuka tæmæ on?]

Who is he?

Kuka hän on?
[kuka hæn on?]

Who is she?

Kuka hän on?
[kuka hæn on?]

Who are they?

Keitä he ovat?
[kejtæ he ovat?]

This is …	**Tämä on …** [tæmæ on …]
my friend (masc.)	**ystäväni** [ystæʋæni]
my friend (fem.)	**ystäväni** [ystæʋæni]
my husband	**mieheni** [mieheni]
my wife	**vaimoni** [ʋɑjmoni]
my father	**isäni** [isæni]
my mother	**äitini** [æjtini]
my brother	**veljeni** [ʋeljeni]
my sister	**siskoni** [siskoni]
my son	**poikani** [pojkɑni]
my daughter	**tyttäreni** [tyttæreni]
This is our son.	**Tämä on poikamme.** [tæmæ on pojkɑmme]
This is our daughter.	**Tämä on tyttäremme.** [tæmæ on tyttæremme]
These are my children.	**Nämä ovat lapsiani.** [næmæ oʋɑt lɑpsiɑni]
These are our children.	**Nämä ovat lapsiamme.** [næmæ oʋɑt lɑpsiɑmme]

Farewells

Good bye!

Näkemiin!
[nækemi:n!]

Bye! (inform.)

Hei hei!
[hej hej!]

See you tomorrow.

Nähdään huomenna.
[næhdæ:n huomenna]

See you soon.

Nähdään pian.
[næhdæ:n pian]

See you at seven.

Nähdään seitsemältä.
[næhdæ:n sejtsemæltæ]

Have fun!

Pitäkää hauskaa!
[pitækæ: hauska:!]

Talk to you later.

Jutellaan myöhemmin.
[jutella:n myøhemmin]

Have a nice weekend.

Hyvää viikonloppua!
[hyʋæ: ʋi:konloppua!]

Good night.

Hyvää yötä.
[hyʋæ: yøtæ]

It's time for me to go.

Minun on aika lähteä.
[minun on ajka ʎæhteæ]

I have to go.

Minun täytyy lähteä.
[minun tæyty: ʎæhteæ]

I will be right back.

Tulen kohta takaisin.
[tulen kohta takajsin]

It's late.

On myöhä.
[on myøhæ]

I have to get up early.

Minun täytyy nousta aikaisin.
[minun tæyty: nousta ajkajsin]

I'm leaving tomorrow.

Lähden huomenna.
[ʎæhden huomenna]

We're leaving tomorrow.

Lähdemme huomenna.
[ʎæhdemme huomenna]

Have a nice trip!

Hyvää matkaa!
[hyʋæ: matka:!]

It was nice meeting you.

Oli mukava tavata.
[oli mukaʋa taʋata]

It was nice talking to you.

Oli mukava jutella.
[oli mukaʋa jutella]

Thanks for everything.

Kiitos kaikesta.
[ki:tos kajkesta]

I had a very good time.	**Minulla oli tosi hauskaa.** [minulla oli tosi hauska:]
We had a very good time.	**Meillä oli tosi hauskaa.** [mejllæ oli tosi hauska:]
It was really great.	**Se oli tosi mahtavaa.** [se oli tosi mahtaua:]
I'm going to miss you.	**Tulen kaipaamaan sinua.** [tulen kajpa:ma:n sinua]
We're going to miss you.	**Tulemme kaipaamaan sinua/teitä.** [tulemme kajpa:ma:n sinua/tejtæ]

Good luck!	**Onnea matkaan!** [onnea matka:n!]
Say hi to …	**Kerro terveisiä …** [kerro teruejsiæ …]

Foreign language

I don't understand.	**En ymmärrä.** [en ymmærræ]
Write it down, please.	**Voisitko kirjoittaa sen.** [vojsitko kirjojtta: sen]
Do you speak …?	**Puhutko …?** [puhutko …?]
I speak a little bit of …	**Puhun vähän …** [puhun væhæn …]
English	**englantia** [eŋglantia]
Turkish	**turkkia** [turkkia]
Arabic	**arabiaa** [arabia:]
French	**ranskaa** [ranska:]
German	**saksaa** [saksa:]
Italian	**italiaa** [italia:]
Spanish	**espanjaa** [espanja:]
Portuguese	**portugalia** [portugalia]
Chinese	**kiinaa** [ki:na:]
Japanese	**japania** [japania]
Can you repeat that, please.	**Voisitko toistaa, kiitos.** [vojsitko tojsta:, ki:tos]
I understand.	**Ymmärrän.** [ymmærræn]
I don't understand.	**En ymmärrä.** [en ymmærræ]
Please speak more slowly.	**Voisitko puhua hitaammin.** [vojsitko puhua hita:mmin]
Is that correct? (Am I saying it right?)	**Onko tämä oikein?** [oŋko tæmæ ojkejn?]
What is this? (What does this mean?)	**Mikä tämä on?** [mikæ tæmæ on?]

Apologies

Excuse me, please.	**Anteeksi.**
	[ante:ksi]
I'm sorry.	**Olen pahoillani.**
	[olen pahojllani]
I'm really sorry.	**Olen todella pahoillani.**
	[olen todella pahojllani]
Sorry, it's my fault.	**Anteeksi, se on minun vikani.**
	[ante:ksi, se on minun vikani]
My mistake.	**Minun virheeni.**
	[minun virhe:ni]

May I ...?	**Saanko ...?**
	[sɑ:ŋko ...?]
Do you mind if I ...?	**Haittaakko jos ...?**
	[hɑjttɑ:kko jos ...?]
It's OK.	**Se on OK.**
	[se on ok]
It's all right.	**Ole hyvä.**
	[ole hyvæ]
Don't worry about it.	**Ei tarvitse kiittää.**
	[ej tarvitse ki:ttæ:]

Agreement

Yes.	**Kyllä.** [kyllæ]
Yes, sure.	**Kyllä, varmasti.** [kyllæ, ʋɑrmɑsti]
OK (Good!)	**OK! Hyvä!** [ok! hyʋæ!]
Very well.	**Hyvä on.** [hyʋæ on]
Certainly!	**Totta kai!** [totta kɑj!]
I agree.	**Olen samaa mieltä.** [olen sɑmɑ: mieltæ]

That's correct.	**Näin se on.** [næjn se on]
That's right.	**Juuri niin.** [ju:ri ni:n]
You're right.	**Olet oikeassa.** [olet ojkeɑssɑ]
I don't mind.	**Ei se minua haittaa.** [ej se minuɑ hɑjttɑ:]
Absolutely right.	**Täysin oikein.** [tæysin ojkejn]

It's possible.	**Se on mahdollista.** [se on mɑhdollistɑ]
That's a good idea.	**Tuo on hyvä idea.** [tuo on hyʋæ ideɑ]
I can't say no.	**En voi kieltäytyä.** [en ʋoj kieltæytyæ]
I'd be happy to.	**Mielelläni.** [mielellæni]
With pleasure.	**Mielihyvin.** [mielihyʋin]

Refusal. Expressing doubt

No.	**Ei.** [ej]
Certainly not.	**Ei todellakaan.** [ej todellaka:n]

I don't agree.	**En ole samaa mieltä.** [en ole sama: mieltæ]
I don't think so.	**En usko.** [en usko]
It's not true.	**Se ei ole totta.** [se ej ole totta]

You are wrong.	**Olet väärässä.** [olet ʋæ:ræssæ]
I think you are wrong.	**Luulen, että olet väärässä.** [lu:len, ettæ olet ʋæ:ræssæ]

I'm not sure.	**En ole varma.** [en ole ʋarma]
It's impossible.	**Se on mahdotonta.** [se on mahdotonta]
Nothing of the kind (sort)!	**Ei mitään sellaista!** [ej mitæ:n sellajsta!]

The exact opposite.	**Täysin päinvastoin.** [tæysin pæjnʋastojn]
I'm against it.	**Vastustan sitä.** [ʋastustan sitæ]
I don't care.	**En välitä.** [en ʋælitæ]
I have no idea.	**Minulla ei ole aavistustakaan.** [minulla ej ole a:ʋistustaka:n]
I doubt that.	**Epäilen sitä.** [epæjlen sitæ]

Sorry, I can't.	**Olen pahoillani, mutta en voi.** [olen pahojllani, mutta en ʋoj]
Sorry, I don't want to.	**Olen pahoillani, mutta en halua.** [olen pahojllani, mutta en halua]

Thank you, but I don't need this.	**Kiitos, mutta en tarvitse tätä.** [ki:tos, mutta en tarʋitse tætæ]
It's late.	**Alkaa olla jo myöhä.** [alka: olla jo myøhæ]

I have to get up early.

Minun täytyy nousta aikaisin.
[minun tæyty: nousta ajkajsin]

I don't feel well.

En voi hyvin.
[en voj hyvin]

Expressing gratitude

Thank you.	**Kiitos.**
	[ki:tos]
Thank you very much.	**Tuhannet kiitokset.**
	[tuhannet ki:tokset]
I really appreciate it.	**Arvostan sitä todella.**
	[aruostan sitæ todella]
I'm really grateful to you.	**Olen tosi kiitollinen sinulle.**
	[olen tosi ki:tollinen sinulle]
We are really grateful to you.	**Olemme tosi kiitollisia sinulle.**
	[olemme tosi ki:tollisia sinulle]

Thank you for your time.	**Kiitos ajastasi.**
	[ki:tos ajastasi]
Thanks for everything.	**Kiitos kaikesta.**
	[ki:tos kajkesta]
Thank you for ...	**Kiitos ...**
	[ki:tos ...]
your help	**avustasi**
	[auustasi]
a nice time	**mukavasta ajasta**
	[mukauasta ajasta]

a wonderful meal	**ihanasta ateriasta**
	[ihanasta ateriasta]
a pleasant evening	**mukavasta illasta**
	[mukauasta illasta]
a wonderful day	**ihanasta päivästä**
	[ihanasta pæjuæstæ]
an amazing journey	**mahtavasta matkasta**
	[mahtauasta matkasta]

Don't mention it.	**Ei kestä.**
	[ej kestæ]
You are welcome.	**Ole hyvä.**
	[ole hyuæ]
Any time.	**Eipä kestä.**
	[ejpæ kestæ]
My pleasure.	**Ilo on kokonaan minun puolellani.**
	[ilo on kokona:n minun puolellani]
Forget it. It's alright.	**Unohda se.**
	[unohda se]
Don't worry about it.	**Ei tarvitse kiittää.**
	[ej taruitse ki:ttæ:]

Congratulations. Best wishes

Congratulations!

Onnittelut!
[onnittelut!]

Happy birthday!

Hyvää syntymäpäivää!
[hyʋæ: syntymæpæjʋæ:!]

Merry Christmas!

Hyvää joulua!
[hyʋæ: joulua!]

Happy New Year!

Onnellista Uutta Vuotta!
[onnellista uutta vuotta!]

Happy Easter!

Hyvää Pääsiäistä!
[hyʋæ: pæ:siæjstæ!]

Happy Hanukkah!

Onnellista Hanukkaa!
[onnellista hanukka:!]

I'd like to propose a toast.

Haluaisin ehdottaa maljaa.
[haluajsin ehdotta: malja:]

Cheers!

Kippis!
[kippis!]

Let's drink to ...!

Malja ...!
[malja ...!]

To our success!

Menestykselle!
[menestykselle!]

To your success!

Menestyksellesi!
[menestyksellesi!]

Good luck!

Onnea matkaan!
[onnea matka:n!]

Have a nice day!

Mukavaa päivää!
[mukaʋa: pæjʋæ:!]

Have a good holiday!

Mukavaa lomaa!
[mukaʋa: loma:!]

Have a safe journey!

Turvallista matkaa!
[turʋallista matka:!]

I hope you get better soon!

Toivon että paranet pian!
[tojʋon ettæ paranet pian!]

Socializing

Why are you sad?	**Miksi olet surullinen?** [miksi olet surullinen?]
Smile! Cheer up!	**Hymyile! Piristy!** [hymyile! piristy!]
Are you free tonight?	**Oletko vapaa tänä iltana?** [oletko ʋapɑ: tænæ iltɑnɑ?]

May I offer you a drink?	**Voinko tarjota sinulle juotavaa?** [vojŋko tarjota sinulle juotaʋɑ:?]
Would you like to dance?	**Haluaisitko tulla tanssimaan?** [haluɑjsitko tulla tanssimɑ:n?]
Let's go to the movies.	**Mennään elokuviin.** [mennæ:n elokuʋi:n]

May I invite you to ...?	**Saanko kutsua sinut ...?** [sɑ:ŋko kutsua sinut ...?]
a restaurant	**ravintolaan** [raʋintolɑ:n]
the movies	**elokuviin** [elokuʋi:n]
the theater	**teatteriin** [teatteri:n]
go for a walk	**kävelylle** [kæʋelylle]

At what time?	**Mihin aikaan?** [mihin ɑjkɑ:n?]
tonight	**tänä iltana** [tænæ iltɑnɑ]
at six	**kuudelta** [ku:delta]
at seven	**seitsemältä** [sejtsemæltæ]
at eight	**kahdeksalta** [kahdeksalta]
at nine	**yhdeksältä** [yhdeksæltæ]

Do you like it here?	**Pidätkö tästä paikasta?** [pidætkø tæstæ pɑjkɑstɑ?]
Are you here with someone?	**Oletko täällä jonkun kanssa?** [oletko tæ:llæ joŋkun kɑnssɑ?]
I'm with my friend.	**Olen ystäväni kanssa.** [olen ystæʋæni kɑnssɑ]

I'm with my friends.	**Olen ystävieni kanssa.**
	[olen ystæʋieni kanssa]
No, I'm alone.	**Ei, olen yksin.**
	[ej, olen yksin]

Do you have a boyfriend?	**Onko sinulla poikaystävää?**
	[oŋko sinulla pojkaystæʋæ:?]
I have a boyfriend.	**Minulla on poikaystävä.**
	[minulla on pojkaystæʋæ]
Do you have a girlfriend?	**Onko sinulla tyttöystävää?**
	[oŋko sinulla tyttøystæʋæ:?]
I have a girlfriend.	**Minulla on tyttöystävä.**
	[minulla on tyttøystæʋæ]

Can I see you again?	**Saanko tavata sinut uudelleen?**
	[sɑ:ŋko tɑʋɑtɑ sinut u:delle:n?]
Can I call you?	**Saanko soittaa sinulle?**
	[sɑ:ŋko sojttɑ: sinulle?]
Call me. (Give me a call.)	**Soita minulle.**
	[sojtɑ minulle]
What's your number?	**Mikä on puhelinnumerosi?**
	[mikæ on puhelinnumerosi?]
I miss you.	**Kaipaan sinua.**
	[kɑjpɑ:n sinuɑ]

You have a beautiful name.	**Sinulla on kaunis nimi.**
	[sinulla on kɑunis nimi]
I love you.	**Rakastan sinua.**
	[rɑkɑstɑn sinuɑ]
Will you marry me?	**Menisitkö naimisiin kanssani?**
	[menisitkø nɑjmisi:n kɑnssɑni?]
You're kidding!	**Lasket leikkiä!**
	[lɑsket lejkkiæ!]
I'm just kidding.	**Lasken vain leikkiä.**
	[lɑsken ʋɑjn lejkkiæ]

Are you serious?	**Oletko tosissasi?**
	[oletko tosissɑsi?]
I'm serious.	**Olen tosissani.**
	[olen tosissɑni]
Really?!	**Ihanko totta?!**
	[ihɑŋko tottɑ?!]
It's unbelievable!	**Se on uskomatonta!**
	[se on uskomɑtontɑ!]
I don't believe you.	**En usko sinua.**
	[en usko sinuɑ]
I can't.	**En voi.**
	[en ʋoj]
I don't know.	**En tiedä.**
	[en tiedæ]
I don't understand you.	**En ymmärrä sinua.**
	[en ymmærræ sinuɑ]

Please go away.

Ole hyvä mene pois.
[ole hyʋæ mene pojs]

Leave me alone!

Jätä minut rauhaan!
[jætæ minut rɑuhɑ:n!]

I can't stand him.

En voi sietää häntä.
[en ʋoj sietæ: hæntæ]

You are disgusting!

Olet inhottava!
[olet inhottɑʋɑ!]

I'll call the police!

Soitan poliisille!
[sojtɑn poli:sille!]

Sharing impressions. Emotions

I like it.

Pidän siitä.
[pidæn si:tæ]

Very nice.

Tosi kiva.
[tosi kiʋɑ]

That's great!

Sepä hienoa!
[sepæ hienoɑ!]

It's not bad.

Ei huono.
[ej huono]

I don't like it.

En pidä siitä.
[en pidæ si:tæ]

It's not good.

Se ei ole hyvä.
[se ej ole hyʋæ]

It's bad.

Se on huono.
[se on huono]

It's very bad.

Se on tosi huono.
[se on tosi huono]

It's disgusting.

Se on inhottava.
[se on inhottɑʋɑ]

I'm happy.

Olen onnellinen.
[olen onnellinen]

I'm content.

Olen tyytyväinen.
[olen ty:tyʋæjnen]

I'm in love.

Olen rakastunut.
[olen rɑkɑstunut]

I'm calm.

Olen rauhallinen.
[olen rɑuhɑllinen]

I'm bored.

Olen tylsistynyt.
[olen tylsistynyt]

I'm tired.

Olen väsynyt.
[olen ʋæsynyt]

I'm sad.

Olen surullinen.
[olen surullinen]

I'm frightened.

Olen peloissani.
[olen pelojssɑni]

I'm angry.

Olen vihainen.
[olen ʋihɑjnen]

I'm worried.

Olen huolissani.
[olen huolissɑni]

I'm nervous.

Olen hermostunut.
[olen hermostunut]

I'm jealous. (envious)

Olen mustasukkainen.
[olen mustasukkajnen]

I'm surprised.

Olen yllättynyt.
[olen yllættynyt]

I'm perplexed.

Olen hämilläni.
[olen hæmillæni]

Problems. Accidents

I've got a problem.	**Minulla on ongelma.** [minulla on oŋgelma]
We've got a problem.	**Meillä on ongelma.** [mejllæ on oŋgelma]
I'm lost.	**Olen eksynyt.** [olen eksynyt]
I missed the last bus (train).	**Myöhästyin viimeisestä bussista (junasta).** [myøhæstyin ʋi:mejsestæ bussista (junasta)]
I don't have any money left.	**Minulla ei ole ollenkaan rahaa jäljellä.** [minulla ej ole olleŋka:n raha: jæljellæ]

I've lost my ...	**Olen hukannut ...** [olen hukannut ...]
Someone stole my ...	**Joku varasti minun ...** [joku ʋarasti minun ...]
passport	**passini** [passini]
wallet	**lompakkoni** [lompakkoni]
papers	**paperini** [paperini]
ticket	**lippuni** [lippuni]

money	**rahani** [rahani]
handbag	**käsilaukkuni** [kæsilaukkuni]
camera	**kamerani** [kamerani]
laptop	**kannettavani** [kannettaʋani]
tablet computer	**tablettini** [tablettini]
mobile phone	**kännykkäni** [kænnykkæni]

Help me!	**Auta minua!** [auta minua!]
What's happened?	**Mitä on tapahtunut?** [mitæ on tapahtunut?]

fire	**tulipalo**
	[tulipalo]
shooting	**ampuminen**
	[ampuminen]
murder	**murha**
	[murha]
explosion	**räjähdys**
	[ræjæhdys]
fight	**tappelu**
	[tappelu]

Call the police!	**Soita poliisille!**
	[sojta poli:sille!]
Please hurry up!	**Pidä kiirettä!**
	[pidæ ki:rettæ!]
I'm looking for the police station.	**Etsin poliisiasemaa.**
	[etsin poli:siasema:]
I need to make a call.	**Minun täytyy soittaa.**
	[minun tæyty: sojtta:]
May I use your phone?	**Saanko käyttää puhelintasi?**
	[sa:ŋko kæyttæ: puhelintasi?]

I've been …	**Minut on …**
	[minut on …]
mugged	**ryöstetty**
	[ryøstetty]
robbed	**ryöstetty**
	[ryøstetty]
raped	**raiskattu**
	[rajskattu]
attacked (beaten up)	**pahoinpidelty**
	[pahojnpidelty]

Are you all right?	**Oletko kunnossa?**
	[oletko kunnossa?]
Did you see who it was?	**Näitkö, kuka se oli?**
	[næjtkø, kuka se oli?]
Would you be able to recognize the person?	**Pystyisitkö tunnistamaan henkilön?**
	[pystyisitkø tunnistama:n heŋkiløn?]
Are you sure?	**Oletko varma?**
	[oletko varma?]

Please calm down.	**Rauhoitu.**
	[rauhojtu]
Take it easy!	**Rentoudu!**
	[rentoudu!]
Don't worry!	**Älä huolehdi!**
	[æʎæ huolehdi!]
Everything will be fine.	**Kaikki järjestyy.**
	[kajkki jærjesty:]
Everything's all right.	**Kaikki on kunnossa.**
	[kajkki on kunnossa]

Come here, please.

Tule tänne.
[tule tænne]

I have some questions for you.

Minulla on joitakin kysymyksiä sinulle.
[minulla on jojtakin kysymyksiæ sinulle]

Wait a moment, please.

Odota hetki.
[odota hetki]

Do you have any I.D.?

Onko sinulla henkilöllisyystodistus?
[oŋko sinulla heŋkiløllisy:stodistus?]

Thanks. You can leave now.

Kiitos. Voit nyt lähteä.
[ki:tos. vojt nyt ʎæhteæ]

Hands behind your head!

Kädet pään taakse!
[kædet pæ:n ta:kse!]

You're under arrest!

Sinut on pidätetty!
[sinut on pidætetty!]

Health problems

Please help me.	**Voisitko auttaa minua.** [vojsitko autta: minua]
I don't feel well.	**En voi hyvin.** [en voj hyvin]
My husband doesn't feel well.	**Mieheni ei voi hyvin.** [mieheni ej voj hyvin]
My son ...	**Poikani ...** [pojkani ...]
My father ...	**Isäni ...** [isæni ...]
My wife doesn't feel well.	**Vaimoni ei voi hyvin.** [vajmoni ej voj hyvin]
My daughter ...	**Tyttäreni ...** [tyttæreni ...]
My mother ...	**Äitini ...** [æejtini ...]
I've got a ...	**Minulla on ...** [minulla on ...]
headache	**päänsärky** [pæ:nsærky]
sore throat	**kipeä kurkku** [kipeæ kurkku]
stomach ache	**vatsakipu** [vatsakipu]
toothache	**hammassärky** [hammassærky]
I feel dizzy.	**Minua huimaa.** [minua hujma:]
He has a fever.	**Hänellä on kuumetta.** [hænellæ on ku:metta]
She has a fever.	**Hänellä on kuumetta.** [hænellæ on ku:metta]
I can't breathe.	**En voi hengittää.** [en voj heŋgittæ:]
I'm short of breath.	**Olen hengästynyt.** [olen heŋgæstynyt]
I am asthmatic.	**Minulla on astma.** [minulla on astma]
I am diabetic.	**Minulla on diabetes.** [minulla on diabetes]

I can't sleep.	**En voi nukkua.** [en ʋoj nukkua]
food poisoning	**ruokamyrkytys** [ruokamyrkytys]

It hurts here.	**Minua sattuu tästä.** [minua sattu: tæstæ]
Help me!	**Auta minua!** [auta minua!]
I am here!	**Olen täällä!** [olen tæ:llæ!]
We are here!	**Olemme täällä!** [olemme tæ:llæ!]
Get me out of here!	**Päästä minut pois täältä!** [pæ:stæ minut pojs tæ:ltæ!]
I need a doctor.	**Tarvitsen lääkärin.** [tarʋitsen ʎæ:kærin]
I can't move.	**En voi liikkua.** [en ʋoj li:kkua]
I can't move my legs.	**En voi liikuttaa jalkojani.** [en ʋoj li:kutta: jalkojani]

I have a wound.	**Minulla on haava.** [minulla on ha:ʋa]
Is it serious?	**Onko se vakavaa?** [oŋko se ʋakaʋa:?]
My documents are in my pocket.	**Asiakirjani ovat taskussani.** [asiakirjani oʋat taskussani]
Calm down!	**Rauhoitu!** [rauhojtu!]
May I use your phone?	**Saanko käyttää puhelintasi?** [sa:ŋko kæyttæ: puhelintasi?]

Call an ambulance!	**Soita ambulanssi!** [sojta ambulanssi!]
It's urgent!	**Tämä on kiireellistä!** [tæmæ on ki:re:llistæ!]
It's an emergency!	**Tämä on hätätilanne!** [tæmæ on hætætilanne!]
Please hurry up!	**Pidä kiirettä!** [pidæ ki:rettæ!]
Would you please call a doctor?	**Soittaisitko lääkärin?** [sojttajsitko ʎæ:kærin?]
Where is the hospital?	**Missä sairaala on?** [missæ sajra:la on?]

How are you feeling?	**Kuinka voit?** [kujŋka ʋojt?]
Are you all right?	**Oletko kunnossa?** [oletko kunnossa?]
What's happened?	**Mitä on tapahtunut?** [mitæ on tapahtunut?]

I feel better now.

Voin nyt paremmin.
[vojn nyt paremmin]

It's OK.

Se on okei.
[se on okej]

It's all right.

Se on hyvä.
[se on hyʋæ]

At the pharmacy

pharmacy (drugstore)	**apteekki** [apte:kki]
24-hour pharmacy	**päivystävä apteekki** [pæjʋystæʋæ apte:kki]
Where is the closest pharmacy?	**Missä on lähin apteekki?** [missæ on ʎæhin apte:kki?]
Is it open now?	**Onko se nyt auki?** [oŋko se nyt auki?]
At what time does it open?	**Milloin se aukeaa?** [millojn se aukea:?]
At what time does it close?	**Milloin se menee kiinni?** [millojn se mene: ki:nni?]
Is it far?	**Onko se kaukana?** [oŋko se kaukana?]
Can I get there on foot?	**Voiko sinne kävellä?** [vojko sinne kæʋellæ?]
Can you show me on the map?	**Voitko näyttää minulle kartalta?** [vojtko næyttæ: minulle kartalta?]
Please give me something for ...	**Voisitko antaa minulle jotakin ...** [vojsitko anta: minulle jotakin ...]
a headache	**päänsärkyyn** [pæ:nsærky:n]
a cough	**yskään** [yskæ:n]
a cold	**vilustumiseen** [ʋilustumise:n]
the flu	**flunssaan** [flunssa:n]
a fever	**kuumeeseen** [ku:me:se:n]
a stomach ache	**vatsakipuun** [ʋatsakipu:n]
nausea	**pahoinvointiin** [pahojnʋojnti:n]
diarrhea	**ripuliin** [ripuli:n]
constipation	**ummetukseen** [ummetukse:n]
pain in the back	**selkäkipuun** [selkækipu:n]

chest pain	**rintakipuun** [rintakipu:n]
side stitch	**pistävään kipuun kyljessä** [pistæuæ:n kipu:n kyljessæ]
abdominal pain	**vatsakipuun** [uatsakipu:n]

pill	**pilleri** [pilleri]
ointment, cream	**voide** [uojde]
syrup	**nestemäinen lääke** [nestemæjnen ʎæ:ke]
spray	**suihke** [sujhke]
drops	**tipat** [tipat]

You need to go to the hospital.	**Sinun täytyy mennä sairaalaan.** [sinun tæyty: mennæ sajra:la:n]
health insurance	**sairausvakuutus** [sajrausuaku:tus]
prescription	**resepti** [resepti]
insect repellant	**hyönteiskarkote** [hyøntejskarkote]
Band Aid	**laastari** [la:stari]

The bare minimum

Excuse me, ...	**Anteeksi, ...** [ante:ksi, ...]
Hello.	**Hei.** [hej]
Thank you.	**Kiitos.** [ki:tos]
Good bye.	**Näkemiin.** [nækemi:n]
Yes.	**Kyllä.** [kyllæ]
No.	**Ei.** [ej]
I don't know.	**En tiedä.** [en tiedæ]
Where? | Where to? | When?	**Missä? | Minne? | Milloin?** [missæ? | minne? | millojn?]

I need ...	**Tarvitsen ...** [tarʋitsen ...]
I want ...	**Haluan ...** [haluan ...]
Do you have ...?	**Onko sinulla ...?** [oŋko sinulla ...?]
Is there a ... here?	**Onko täällä ...?** [oŋko tæ:llæ ...?]
May I ...?	**Voinko ...?** [vojŋko ...?]
..., please (polite request)	**..., kiitos** [..., ki:tos]

I'm looking for ...	**Etsin ...** [etsin ...]
restroom	**WC** [ʋɛsɛ]
ATM	**pankkiautomaatti** [paŋkkiautoma:tti]
pharmacy (drugstore)	**apteekki** [apte:kki]
hospital	**sairaala** [sajra:la]
police station	**poliisiasema** [poli:siasema]
subway	**metro** [metro]

taxi	**taksi** [taksi]
train station	**rautatieasema** [rautatieasema]

My name is …	**Nimeni on …** [nimeni on …]
What's your name?	**Mikä sinun nimesi on?** [mikæ sinun nimesi on?]
Could you please help me?	**Voisitko auttaa minua?** [vojsitko autta: minua?]
I've got a problem.	**Minulla on ongelma.** [minulla on oŋgelma]
I don't feel well.	**En voi hyvin.** [en voj hyvin]
Call an ambulance!	**Soita ambulanssi!** [sojta ambulanssi!]
May I make a call?	**Voisinko soittaa?** [vojsiŋko sojtta:?]

I'm sorry.	**Olen pahoillani.** [olen pahojllani]
You're welcome.	**Ole hyvä.** [ole hyvæ]

I, me	**minä | mä** [minæ | mæ]
you (inform.)	**sinä | sä** [sinæ | sæ]
he	**hän | se** [hæn | se]
she	**hän | se** [hæn | se]
they (masc.)	**he | ne** [he | ne]
they (fem.)	**he | ne** [he | ne]
we	**me** [me]
you (pl)	**te** [te]
you (sg, form.)	**sinä** [sinæ]

ENTRANCE	**SISÄÄN** [sisæ:n]
EXIT	**ULOS** [ulos]
OUT OF ORDER	**EPÄKUNNOSSA** [epækunnossa]
CLOSED	**SULJETTU** [suljettu]

OPEN **AVOIN**
[avojn]

FOR WOMEN **NAISILLE**
[najsille]

FOR MEN **MIEHILLE**
[miehille]

TOPICAL VOCABULARY

This section contains more than 3,000 of the most important words.
The dictionary will provide invaluable assistance while traveling abroad, because frequently individual words are enough for you to be understood.
The dictionary includes a convenient transcription of each foreign word

T&P Books Publishing

VOCABULARY
CONTENTS

T&P Books Publishing

BASIC CONCEPTS

T&P Books Publishing

1. Pronouns

I, me	**minä**	[miɲæ]
you	**sinä**	[siɲæ]
he	**hän**	[ɦæn]
she	**hän**	[ɦæn]
it	**se**	[se]
we	**me**	[me]
you (to a group)	**te**	[te]
they	**he**	[he]

2. Greetings. Salutations

Hello! (fam.)	**Hei!**	[hej]
Hello! (form.)	**Hei!**	[hej]
Good morning!	**Hyvää huomenta!**	[hyʋæː huomentɑ]
Good afternoon!	**Hyvää päivää!**	[hyʋæː pæjʋæː]
Good evening!	**Hyvää iltaa!**	[hyʋæː iltɑː]
to say hello	**tervehtiä**	[terʋehtiæ]
Hi! (hello)	**Moi!**	[moj]
greeting (n)	**terve**	[terʋe]
to greet (vt)	**tervehtiä**	[terʋehtiæ]
How are you?	**Mitä kuuluu?**	[mitæ kuːluː]
What's new?	**Mitä on uutta?**	[mitæ on uːttɑ]
Bye-Bye! Goodbye!	**Näkemiin!**	[ɲækemiːin]
See you soon!	**Pikaisiin näkemiin!**	[pikɑjsiːin ɲækemiːin]
Farewell!	**Hyvästi!**	[hyʋæsti]
to say goodbye	**hyvästellä**	[hyʋæsteʎæ]
So long!	**Hei hei!**	[hej hej]
Thank you!	**Kiitos!**	[kiːitos]
Thank you very much!	**Paljon kiitoksia!**	[palʰøn kiːitoksiɑ]
You're welcome	**Ole hyvä**	[ole hyʋæ]
Don't mention it!	**Ei kestä kiittää**	[ej kestæ kiːittæː]
It was nothing	**Ei kestä**	[ej kestæ]
Excuse me, ...	**Anteeksi!**	[anteːksi]
to excuse (forgive)	**antaa anteeksi**	[antɑː anteːksi]
to apologize (vi)	**pyytää anteeksi**	[pyːtæ anteːksi]
My apologies	**Pyydän anteeksi**	[pyːdæn anteːksi]

I'm sorry!	Anteeksi!	[ante:ksi]
to forgive (vt)	antaa anteeksi	[anta: ante:ksi]
please (adv)	ole hyvä	[ole hyʋæ]
Don't forget!	Älkää unohtako!	[ælkæ: unohtako]
Certainly!	Tietysti!	[tietysti]
Of course not!	Eipä tietenkään!	[ejpæ tieteŋkæ:n]
Okay! (I agree)	Olen samaa mieltä!	[olen sama: mieltæ]
That's enough!	Riittää!	[ri:ittæ:]

3. Questions

Who?	Kuka?	[kukɑ]
What?	Mikä?	[mikæ]
Where? (at, in)	Missä?	[missæ]
Where (to)?	Mihin?	[mihin]
From where?	Mistä?	[mistæ]
When?	Milloin?	[millojn]
Why? (What for?)	Mitä varten?	[mitæ ʋarten]
Why? (reason)	Miksi?	[miksi]
What for?	Minkä vuoksi?	[miŋkæ ʋuoksi]
How? (in what way)	Miten?	[miten]
What? (What kind of ...?)	Millainen?	[millajnen]
Which?	Mikä?	[mikæ]
To whom?	Kenelle?	[kenelle]
About whom?	Kenestä?	[kenestæ]
About what?	Mistä?	[mistæ]
With whom?	Kenen kanssa?	[kenen kanssɑ]
How many?	Kuinka monta?	[kuiŋka monta]
How much?	Kuinka paljon?	[kuiŋka palʰon]
Whose?	Kenen?	[kenen]

4. Prepositions

with (accompanied by)	kanssa	[kɑnssɑ]
without	ilman	[ilman]
to (indicating direction)	... ssa/ssä	[ssɑ] / [ssæ]
about (talking ~ ...)	... sta, ... stä	[stɑ], [stæ]
before (in time)	ennen	[eŋen]
in front of ...	edessä	[edessæ]
under (beneath, below)	alla	[ɑllɑ]
above (over)	yllä	[yʎæ]
on (atop)	päällä	[pæːʎæ]
from (off, out of)	... sta, ... stä	[stɑ], [stæ]

of (made from)	... sta, ... stä	[sta], [stæ]
in (e.g., ~ ten minutes)	päästä	[pæ:stæ]
over (across the top of)	yli	[yli]

5. Function words. Adverbs. Part 1

Where? (at, in)	Missä?	[missæ]
here (adv)	täällä	[tæ:ʎæ]
there (adv)	siellä	[sieʎæ]

| somewhere (to be) | jossain | [øssajn] |
| nowhere (not anywhere) | ei missään | [ej missæ:n] |

| by (near, beside) | vieressä | [ʋæressæ] |
| by the window | ikkunan vieressä | [ikkunɑn ʋæressæ] |

Where (to)?	Mihin?	[mihin]
here (e.g., come ~!)	tänne	[tæŋe]
there (e.g., to go ~)	tuonne	[tuoŋe]
from here (adv)	täältä	[tæ:ltæ]
from there (adv)	sieltä	[sieltæ]

| close (adv) | lähellä | [ʎæheʎæ] |
| far (adv) | kaukana | [kɑukɑnɑ] |

near (e.g., ~ Paris)	luona	[luonɑ]
nearby (adv)	vieressä	[ʋæressæ]
not far (adv)	lähelle	[ʎæhelle]

left (adj)	vasen	[ʋɑsen]
on the left	vasemmalla	[ʋɑsemmɑllɑ]
to the left	vasemmalle	[ʋɑsemɑlle]

right (adj)	oikea	[ojkeɑ]
on the right	oikealla	[ojkeɑllɑ]
to the right	oikealle	[ojkeɑlle]

in front (adv)	edessä	[edessæ]
front (as adj)	etumainen	[etumɑjnen]
ahead (the kids ran ~)	eteenpäin	[ete:npæjn]

behind (adv)	takana	[tɑkɑnɑ]
from behind	takaa	[tɑkɑ:]
back (towards the rear)	takaisin	[tɑkɑjsin]

| middle | keskikohta | [keskikohtɑ] |
| in the middle | keskellä | [keskeʎæ] |

| at the side | sivulta | [siʋultɑ] |
| everywhere (adv) | kaikkialla | [kɑjkkiɑllɑ] |

around (in all directions)	ympärillä	[ympæriʎæ]
from inside	sisäpuolelta	[sisæ puolelta]
somewhere (to go)	jonnekin	[øŋekin]
straight (directly)	suoraan	[suorɑ:n]
back (e.g., come ~)	takaisin	[takɑjsin]

| from anywhere | jostakin | [østɑkin] |
| from somewhere | jostakin | [østɑkin] |

firstly (adv)	ensiksi	[ensiksi]
secondly (adv)	toiseksi	[tojseksi]
thirdly (adv)	kolmanneksi	[kolmɑŋeksi]

suddenly (adv)	äkkiä	[ækkiæ]
at first (at the beginning)	alussa	[ɑlussɑ]
for the first time	ensi kerran	[ensi kerrɑn]
long before ...	kauan ennen kuin	[kɑuɑn eŋen kuin]
anew (over again)	uudestaan	[u:destɑ:n]
for good (adv)	pysyvästi	[pysyʋæsti]

never (adv)	ei koskaan	[ej koskɑ:n]
again (adv)	taas	[tɑ:s]
now (adv)	nyt	[nyt]
often (adv)	usein	[usejn]
then (adv)	silloin	[silloin]
urgently (quickly)	pikaisesti	[pikɑjsesti]
usually (adv)	tavallisesti	[tɑʋɑllisesti]

by the way, ...	muuten	[mu:ten]
possible (that is ~)	ehkä	[ehkæ]
probably (adv)	todennäköisesti	[toden ɲækøjsesti]
maybe (adv)	voi olla	[ʋoj ollɑ]
besides ...	lisäksi	[lisæksi]
that's why ...	siksi	[siksi]
in spite of ...	huolimatta	[huolimɑttɑ]
thanks to ...	avulla	[ɑʋullɑ]

what (pron.)	mikä	[mikæ]
that (conj.)	että	[ettæ]
something	jokin	[økin]
anything (something)	jotakin	[øtɑkin]
nothing	ei mitään	[ej mitæ:n]

who (pron.)	kuka	[kukɑ]
someone	joku	[øku]
somebody	joku	[øku]

nobody	ei kukaan	[ej kukɑ:n]
nowhere (a voyage to ~)	ei mihinkään	[ej mihiŋkæ:n]
nobody's	ei kenenkään	[ej keneŋkæ:n]
somebody's	jonkun	[øŋkun]
so (I'm ~ glad)	niin	[ni:in]

also (as well)	myös	[myøs]
too (as well)	myös	[myøs]

6. Function words. Adverbs. Part 2

Why?	Miksi?	[miksi]
for some reason	jostain syystä	[østɑjn sy:stæ]
because ...	koska	[koskɑ]
for some purpose	jonkin vuoksi	[øŋkin ʋuoksi]

and	ja	[jɑ]
or	tai	[tɑj]
but	mutta	[muttɑ]
for (e.g., ~ me)	varten	[ʋɑrten]

too (~ many people)	liian	[li:iɑn]
only (exclusively)	vain	[ʋɑjn]
exactly (adv)	tarkasti	[tɑrkɑsti]
about (more or less)	noin	[nojn]

approximately (adv)	likimäärin	[likimæ:rin]
approximate (adj)	likimääräinen	[likimæ:ræjnen]
almost (adv)	melkein	[melkejn]
the rest	muu	[mu:]

each (adj)	joka	[økɑ]
any (no matter which)	jokainen	[økɑjnen]
many, much (a lot of)	paljon	[palʰøn]
many people	monet	[monet]
all (everyone)	kaikki	[kɑjkki]

in return for ...	korvauksena	[korʋɑuksenɑ]
in exchange (adv)	sijaan	[sijɑ:n]
by hand (made)	käsin	[kæsin]
hardly (negative opinion)	tuskin	[tuskin]

probably (adv)	varmaan	[ʋɑrmɑ:n]
on purpose (intentionally)	tahallaan	[tɑhɑllɑ:n]
by accident (adv)	sattumalta	[sɑttumɑltɑ]

very (adv)	erittäin	[erittæjn]
for example (adv)	esimerkiksi	[esimerkiksi]
between	välillä	[ʋæliʎæ]
among	keskellä	[keskeʎæ]
so much (such a lot)	niin paljon	[ni:in palʰøn]
especially (adv)	erikoisesti	[erikojsesti]

NUMBERS.
MISCELLANEOUS

T&P Books Publishing

7. Cardinal numbers. Part 1

0 zero	nolla	[nolla]
1 one	yksi	[yksi]
2 two	kaksi	[kaksi]
3 three	kolme	[kolme]
4 four	neljä	[nelʰjæ]

5 five	viisi	[ʋiːisi]
6 six	kuusi	[kuːsi]
7 seven	seitsemän	[sejtsemæn]
8 eight	kahdeksan	[kahdeksan]
9 nine	yhdeksän	[yhdeksæn]

10 ten	kymmenen	[kymmenen]
11 eleven	yksitoista	[yksi tojsta]
12 twelve	kaksitoista	[kaksi tojsta]
13 thirteen	kolmetoista	[kolme tojsta]
14 fourteen	neljätoista	[nelʰjæ tojsta]

15 fifteen	viisitoista	[ʋiːisi tojsta]
16 sixteen	kuusitoista	[kuːsi tojsta]
17 seventeen	seitsemäntoista	[sejtsemæn tojsta]
18 eighteen	kahdeksantoista	[kahdeksan tojsta]
19 nineteen	yhdeksäntoista	[yhdeksæn tojsta]

20 twenty	kaksikymmentä	[kaksi kymmentæ]
21 twenty-one	kaksikymmentäyksi	[kaksi kymmentæ yksi]
22 twenty-two	kaksikymmentäkaksi	[kaksi kymmentæ kaksi]
23 twenty-three	kaksikymmentäkolme	[kaksi kymmentæ kolme]

30 thirty	kolmekymmentä	[kolme kymmentæ]
31 thirty-one	kolmekymmentäyksi	[kolme kymmentæ yksi]
32 thirty-two	kolmekymmentäkaksi	[kolme kymmentæ kaksi]
33 thirty-three	kolmekymmentäkolme	[kolme kymmentæ kolme]

40 forty	neljäkymmentä	[nelʰjæ kymmentæ]
41 forty-one	neljäkymmentäyksi	[nelʰjæ kymmentæ yksi]
42 forty-two	neljäkymmentäkaksi	[nelʰjæ kymmentæ kaksi]
43 forty-three	neljäkymmentäkolme	[nelʰjæ kymmentæ kolme]

50 fifty	viisikymmentä	[ʋiːisi kymmentæ]
51 fifty-one	viisikymmentäyksi	[ʋiːisi kymmentæ yksi]
52 fifty-two	viisikymmentäkaksi	[ʋiːisi kymmentæ kaksi]
53 fifty-three	viisikymmentäkolme	[ʋiːisi kymmentæ kolme]
60 sixty	kuusikymmentä	[kuːsi kymmentæ]

61 sixty-one	kuusikymmentäyksi	[ku:si kymmentæ yksi]
62 sixty-two	kuusikymmentäkaksi	[ku:si kymmentæ kaksi]
63 sixty-three	kuusikymmentäkolme	[ku:si kymmentæ kolme]

70 seventy	seitsemänkymmentä	[sejtsemæn kymmentæ]
71 seventy-one	seitsemänkymmentä-yksi	[sejtsemæn kymmentæ yksi]
72 seventy-two	seitsemänkymmentä-kaksi	[sejtsemæn kymmentæ kaksi]
73 seventy-three	seitsemänkymmentä-kolme	[sejtsemæn kymmentæ kolme]

80 eighty	kahdeksankymmentä	[kahdeksan kymmentæ]
81 eighty-one	kahdeksankymmentä-yksi	[kahdeksan kymmentæ yksi]
82 eighty-two	kahdeksankymmentä-kaksi	[kahdeksan kymmentæ kaksi]
83 eighty-three	kahdeksankymmentä-kolme	[kahdeksan kymmentæ kolme]

90 ninety	yhdeksänkymmentä	[yhdeksæn kymmentæ]
91 ninety-one	yhdeksänkymmentä-yksi	[yhdeksæn kymmentæ yksi]
92 ninety-two	yhdeksänkymmentä-kaksi	[yhdeksæn kymmentæ kaksi]
93 ninety-three	yhdeksänkymmentä-kolme	[yhdeksæn kymmentæ kolme]

8. Cardinal numbers. Part 2

100 one hundred	sata	[sata]
200 two hundred	kaksisataa	[kaksi sata:]
300 three hundred	kolmesataa	[kolme sata:]

| 400 four hundred | neljäsataa | [nelʰjæ sata:] |
| 500 five hundred | viisisataa | [ʋi:isi sata:] |

| 600 six hundred | kuusisataa | [ku:si sata:] |
| 700 seven hundred | seitsemänsataa | [sejtsemæn sata:] |

| 800 eight hundred | kahdeksansataa | [kahdeksan sata:] |
| 900 nine hundred | yhdeksänsataa | [yhdeksæn sata:] |

1000 one thousand	tuhat	[tuhat]
2000 two thousand	kaksituhatta	[kaksi tuhatta]
3000 three thousand	kolmetuhatta	[kolme tuhatta]
10000 ten thousand	kymmenentuhatta	[kymmenen tuhatta]
one hundred thousand	satatuhatta	[sata tuhatta]
million	miljoona	[milʰø:na]
billion	miljardi	[milʰjardi]

9. Ordinal numbers

first (adj)	ensimmäinen	[ensimmæjnen]
second (adj)	toinen	[tojnen]
third (adj)	kolmas	[kolmɑs]
fourth (adj)	neljäs	[nelʰjæs]
fifth (adj)	viides	[ʋiːides]
sixth (adj)	kuudes	[kuːdes]
seventh (adj)	seitsemäs	[sejtsemæs]
eighth (adj)	kahdeksas	[kɑhdeksɑs]
ninth (adj)	yhdeksäs	[yhdeksæs]
tenth (adj)	kymmenes	[kymmenes]

COLOURS. UNITS OF MEASUREMENT

T&P Books Publishing

10. Colors

color	**väri**	[ʋæri]
shade (tint)	**vivahdus**	[ʋiʋahdus]
hue	**värisävy**	[ʋæri sæʋy]
rainbow	**sateenkaari**	[sɑteːn kɑːri]
white (adj)	**valkoinen**	[ʋɑlkojnen]
black (adj)	**musta**	[mustɑ]
gray (adj)	**harmaa**	[hɑrmɑː]
green (adj)	**vihreä**	[ʋihreæ]
yellow (adj)	**keltainen**	[keltɑjnen]
red (adj)	**punainen**	[punɑjnen]
blue (adj)	**sininen**	[sininen]
light blue (adj)	**vaaleansininen**	[ʋɑːleɑn sininen]
pink (adj)	**vaaleanpunainen**	[ʋɑːleɑn punɑjnen]
orange (adj)	**oranssi**	[orɑnssi]
violet (adj)	**violetti**	[ʋioletti]
brown (adj)	**ruskea**	[ruskeɑ]
golden (adj)	**kultainen**	[kultɑjnen]
silvery (adj)	**hopeinen**	[hopejnen]
beige (adj)	**beige**	[beːge]
cream (adj)	**kermanvärinen**	[kermɑn ʋærinen]
turquoise (adj)	**turkoosi**	[turkoːsi]
cherry red (adj)	**kirsikanpunainen**	[kirsikɑn punɑjnen]
lilac (adj)	**sinipunainen**	[sini punɑjnen]
crimson (adj)	**karmiininpunainen**	[karmiːinen punɑjnen]
light (adj)	**vaalea**	[ʋɑːleɑ]
dark (adj)	**tumma**	[tummɑ]
bright, vivid (adj)	**kirkas**	[kirkɑs]
colored (pencils)	**väri-**	[ʋæri]
color (e.g., ~ film)	**värillinen**	[ʋærillinen]
black-and-white (adj)	**mustavalkoinen**	[mustɑ ʋɑlkojnen]
plain (one-colored)	**yksivärinen**	[yksiʋærinen]
multicolored (adj)	**erivärinen**	[eriʋærinen]

11. Units of measurement

weight	**paino**	[pɑjno]
length	**pituus**	[pituːs]

width	**leveys**	[leʋeys]
height	**korkeus**	[korkeus]
depth	**syvyys**	[syʋy:s]
volume	**tilavuus**	[tilɑʋu:s]
area	**pinta-ala**	[pintɑ ɑlɑ]

gram	**gramma**	[grɑmmɑ]
milligram	**milligramma**	[milligrɑmmɑ]
kilogram	**kilo**	[kilo]
ton	**tonni**	[toɲi]
pound	**punta**	[puntɑ]
ounce	**unssi**	[unssi]

meter	**metri**	[metri]
millimeter	**millimetri**	[millimetri]
centimeter	**senttimetri**	[senttimetri]
kilometer	**kilometri**	[kilometri]
mile	**peninkulma**	[penin kulmɑ]

inch	**tuuma**	[tu:mɑ]
foot	**jalka**	[jɑlkɑ]
yard	**jaardi**	[jɑ:rdi]

square meter	**neliömetri**	[neliø metri]
hectare	**hehtaari**	[hehtɑ:ri]
liter	**litra**	[litrɑ]
degree	**aste**	[ɑste]
volt	**voltti**	[ʋoltti]
ampere	**ampeeri**	[ɑmpe:ri]
horsepower	**hevosvoima**	[heʋosʋojmɑ]

quantity	**määrä**	[mæ:ræ]
a little bit of ...	**vähän**	[ʋæɦæn]
half	**puoli**	[puoli]
dozen	**tusina**	[tusinɑ]
piece (item)	**kappale**	[kɑppɑle]

size	**koko**	[koko]
scale (map ~)	**mittakaava**	[mittɑkɑ:ʋɑ]

minimal (adj)	**minimaalinen**	[minimɑ:linen]
the smallest (adj)	**pienin**	[pienin]
medium (adj)	**keskimmäinen**	[keskimmæjnen]
maximal (adj)	**maksimaalinen**	[mɑksimɑ:linen]
the largest (adj)	**suurin**	[su:rin]

12. Containers

canning jar (glass ~)	**lasitölkki**	[lɑsitølkki]
can	**peltitölkki**	[peltitølkki]

bucket	**sanko**	[saŋko]
barrel	**tynnyri**	[tyŋyri]
wash basin (e.g., plastic ~)	**vati**	[ʋɑti]
tank (100 - 200L water ~)	**säiliö**	[sæjliø]
hip flask	**kenttäpullo**	[kenttæ pullo]
jerrycan	**kanisteri**	[kanisteri]
tank (e.g., tank car)	**säiliö**	[sæjliø]
mug	**tuoppi**	[tuoppi]
cup (of coffee, etc.)	**kuppi**	[kuppi]
saucer	**teevati**	[teːʋɑti]
glass (tumbler)	**lasi**	[lɑsi]
wine glass	**malja**	[mɑlʰjɑ]
stock pot (soup pot)	**kattila**	[kɑttilɑ]
bottle (~ of wine)	**pullo**	[pullo]
neck (of the bottle, etc.)	**pullonkaula**	[pulloŋkaula]
carafe	**karahvi**	[kɑrɑhʋi]
pitcher	**kannu**	[kɑŋu]
vessel (container)	**astia**	[ɑstiɑ]
pot (crock, stoneware ~)	**ruukku**	[ruːkku]
vase	**maljakko**	[mɑlʰjɑkko]
bottle (perfume ~)	**pullo**	[pullo]
vial, small bottle	**pullonen**	[pullonen]
tube (of toothpaste)	**tuubi**	[tuːbi]
sack (bag)	**säkki**	[sækki]
bag (paper ~, plastic ~)	**kassi**	[kɑssi]
pack (of cigarettes, etc.)	**paketti**	[pɑketti]
box (e.g., shoebox)	**laatikko**	[lɑːtikko]
crate	**laatikko**	[lɑːtikko]
basket	**kori**	[kori]

MAIN VERBS

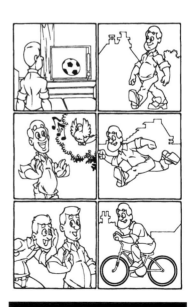

T&P Books Publishing

13. The most important verbs. Part 1

to advise (vt)	neuvoa	[neuʋoa]
to agree (say yes)	suostua	[suostua]
to answer (vi, vt)	vastata	[ʋastata]
to apologize (vi)	pyytää anteeksi	[pyːtæ: anteːksi]
to arrive (vi)	saapua	[sɑːpua]
to ask (~ oneself)	kysyä	[kysyæ]
to ask (~ sb to do sth)	pyytää	[pyːtæ:]
to be (vi)	olla	[olla]
to be afraid	pelätä	[peʌætæ]
to be hungry	minulla on nälkä	[minulla on ɲælkæ]
to be interested in ...	kiinnostua	[kiːiŋostua]
to be needed	tarvitsee	[tɑrʋitse:]
to be surprised	ihmetellä	[ihmeteʌæ]
to be thirsty	minulla on jano	[minulla on æno]
to begin (vt)	alkaa	[alka:]
to belong to ...	kuulua	[kuːlua]
to boast (vi)	kehua	[kehua]
to break (split into pieces)	rikkoa	[rikkoa]
to call (~ for help)	kutsua	[kutsua]
can (v aux)	voida	[ʋojda]
to catch (vt)	ottaa kiinni	[otta: kiːiɲi]
to change (vt)	muuttaa	[muːtta:]
to choose (select)	valita	[ʋalita]
to come down (the stairs)	laskeutua	[laskeutua]
to compare (vt)	verrata	[ʋerrata]
to complain (vi, vt)	valittaa	[ʋalitta:]
to confuse (mix up)	sotkea	[sotkea]
to continue (vt)	jatkaa	[jatka:]
to control (vt)	tarkastaa	[tarkasta:]
to cook (dinner)	laittaa	[lajtta:]
to cost (vt)	maksaa	[maksa:]
to count (add up)	laskea	[laskea]
to count on ...	luottaa	[luotta:]
to create (vt)	luoda	[luoda]
to cry (weep)	itkeä	[itkeæ]

14. The most important verbs. Part 2

to deceive (vi, vt)	**pettää**	[pettæ:]
to decorate (tree, street)	**koristaa**	[korista:]
to defend (a country, etc.)	**puolustaa**	[puolusta:]
to demand (request firmly)	**vaatia**	[ʋɑ:tiɑ]
to dig (vt)	**kaivaa**	[kɑjʋɑ:]
to discuss (vt)	**käsitellä**	[kæsiteʎæ]
to do (vt)	**tehdä**	[tehdæ]
to doubt (have doubts)	**epäillä**	[epæjʎæ]
to drop (let fall)	**pudottaa**	[pudotta:]
to enter (room, house, etc.)	**tulla sisään**	[tulla sisæ:n]
to exist (vi)	**olla olemassa**	[olla olemɑssɑ]
to expect (foresee)	**nähdä ennakolta**	[næhdæ eŋɑkoltɑ]
to explain (vt)	**selittää**	[selittæ:]
to fall (vi)	**kaatua**	[kɑ:tuɑ]
to find (vt)	**löytää**	[løytæ:]
to finish (vt)	**lopettaa**	[lopetta:]
to fly (vi)	**lentää**	[lentæ:]
to follow ... (come after)	**seurata**	[seurɑtɑ]
to forget (vi, vt)	**unohtaa**	[unohtɑ:]
to forgive (vt)	**antaa anteeksi**	[ɑntɑ: ɑnte:ksi]
to give (vt)	**antaa**	[ɑntɑ:]
to give a hint	**vihjata**	[ʋihʲjɑtɑ]
to go (on foot)	**mennä**	[menæ]
to go for a swim	**kylpeä**	[kylpeæ]
to go out (for dinner, etc.)	**poistua**	[pojstuɑ]
to guess (the answer)	**arvata**	[ɑrʋɑtɑ]
to have (vt)	**omistaa**	[omistɑ:]
to have breakfast	**syödä aamiaista**	[syødæ ɑ:miɑjstɑ]
to have dinner	**illastaa**	[illɑstɑ:]
to have lunch	**syödä päivällistä**	[syødæ pæjʋællistæ]
to hear (vt)	**kuulla**	[ku:llɑ]
to help (vt)	**auttaa**	[ɑuttɑ:]
to hide (vt)	**piilotella**	[pi:ilotellɑ]
to hope (vi, vt)	**toivoa**	[tojʋoɑ]
to hunt (vi, vt)	**metsästää**	[metsæstæ:]
to hurry (vi)	**kiirehtiä**	[ki:irehtiæ]

15. The most important verbs. Part 3

to inform (vt)	**tiedottaa**	[tiedottɑ:]
to insist (vi, vt)	**pysyä kannassaan**	[pysyæ kɑŋɑssɑ:n]

to insult (vt)	loukata	[loukɑtɑ]
to invite (vt)	kutsua	[kutsuɑ]
to joke (vi)	laskea leikkiä	[lɑskeɑ lejkkiæ]

to keep (vt)	säilyttää	[sæjlyttæ:]
to keep silent	olla vaiti	[ollɑ ʋɑjti]
to kill (vt)	murhata	[murhɑtɑ]
to know (sb)	tuntea	[tunteɑ]
to know (sth)	tietää	[tietæ:]
to laugh (vi)	nauraa	[nɑurɑ:]

to liberate (city, etc.)	vapauttaa	[ʋɑpɑuttɑ:]
to like (I like ...)	pitää	[pitæ:]
to look for ... (search)	etsiä	[etsiæ]
to love (sb)	rakastaa	[rɑkɑstɑ:]
to make a mistake	erehtyä	[erehtyæ]

to manage, to run	johtaa	[øhtɑ:]
to mean (signify)	merkitä	[merkitæ]
to mention (talk about)	mainita	[mɑjnitɑ]
to miss (school, etc.)	olla poissa	[ollɑ pojssɑ]
to notice (see)	huomata	[huomɑtɑ]

to object (vi, vt)	väittää vastaan	[ʋæjttæ: ʋɑstɑ:n]
to observe (see)	seurata	[seurɑtɑ]
to open (vt)	avata	[ɑʋɑtɑ]
to order (meal, etc.)	tilata	[tilɑtɑ]
to order (mil.)	käskeä	[kæskeæ]
to own (possess)	omistaa	[omistɑ:]

to participate (vi)	osallistua	[osɑllistuɑ]
to pay (vi, vt)	maksaa	[mɑksɑ:]
to permit (vt)	antaa lupa	[ɑntɑ: lupɑ]
to plan (vt)	suunnitella	[su:ŋitellɑ]
to play (children)	leikkiä	[lejkkiæ]

to pray (vi, vt)	rukoilla	[rukojllɑ]
to prefer (vt)	katsoa parhaaksi	[kɑtsoɑ pɑrhɑ:ksi]
to promise (vt)	luvata	[luʋɑtɑ]
to pronounce (vt)	lausua	[lɑusuɑ]
to propose (vt)	ehdottaa	[ehdottɑ:]
to punish (vt)	rangaista	[rɑŋɑjstɑ]

16. The most important verbs. Part 4

to read (vi, vt)	lukea	[lukeɑ]
to recommend (vt)	suositella	[suositellɑ]
to refuse (vi, vt)	kieltäytyä	[kæltæytyæ]
to regret (be sorry)	sääliä	[sæ:liæ]
to rent (sth from sb)	vuokrata	[ʋuokrɑtɑ]

to repeat (say again)	**toistaa**	[tojsta:]
to reserve, to book	**reservoida**	[reserʋojda]
to run (vi)	**juosta**	[juosta]
to save (rescue)	**pelastaa**	[pelasta:]
to say (~ thank you)	**sanoa**	[sɑnoɑ]
to scold (vt)	**haukkua**	[hɑukkuɑ]
to see (vt)	**nähdä**	[ɲæhdæ]
to sell (vt)	**myydä**	[my:dæ]
to send (vt)	**lähettää**	[ʎæhettæ:]
to shoot (vi)	**ampua**	[ɑmpuɑ]
to shout (vi)	**huutaa**	[hu:tɑ:]
to show (vt)	**näyttää**	[ɲæyttæ:]
to sign (document)	**allekirjoittaa**	[allekirʰojtta:]
to sit down (vi)	**istua**	[istuɑ]
to smile (vi)	**hymyillä**	[hymyjʎæ]
to speak (vi, vt)	**keskustella**	[keskustella]
to steal (money, etc.)	**varastaa**	[ʋɑrɑsta:]
to stop (for pause, etc.)	**pysähtyä**	[pysæhtyæ]
to stop (please ~ calling me)	**lakata**	[lɑkɑtɑ]
to study (vt)	**oppia**	[oppiɑ]
to swim (vi)	**uida**	[ujdɑ]
to take (vt)	**ottaa**	[otta:]
to think (vi, vt)	**ajatella**	[ɑjɑtellɑ]
to threaten (vt)	**uhata**	[uhɑtɑ]
to touch (with hands)	**koskettaa**	[kosketta:]
to translate (vt)	**kääntää**	[kæ:ntæ:]
to trust (vt)	**luottaa**	[luotta:]
to try (attempt)	**koettaa**	[koetta:]
to turn (e.g., ~ left)	**kääntää**	[kæ:ntæ:]
to underestimate (vt)	**aliarvioida**	[ɑliɑrʋiojdɑ]
to understand (vt)	**ymmärtää**	[ymmærtæ:]
to unite (vt)	**yhdistää**	[yhdistæ:]
to wait (vt)	**odottaa**	[odotta:]
to want (wish, desire)	**haluta**	[hɑlutɑ]
to warn (vt)	**varoittaa**	[ʋɑrojtta:]
to work (vi)	**työskennellä**	[tyøskeɲeʎæ]
to write (vt)	**kirjoittaa**	[kirʰojtta:]
to write down	**kirjoittaa muistiin**	[kirʰojtta: mujsti:in]

TIME. CALENDAR

T&P Books Publishing

17. Weekdays

Monday	maanantai	[maːnantaj]
Tuesday	tiistai	[tiːistaj]
Wednesday	keskiviikko	[keskiʋiːikko]
Thursday	torstai	[torstaj]
Friday	perjantai	[perʰjantaj]
Saturday	lauantai	[lauantaj]
Sunday	sunnuntai	[suŋuntaj]

today (adv)	tänään	[tænæːn]
tomorrow (adv)	huomenna	[huomeŋa]
the day after tomorrow	ylihuomenna	[ylihuomeŋa]
yesterday (adv)	eilen	[ejlen]
the day before yesterday	toissapäivänä	[tojssa pæjʋæɲæ]

day	päivä	[pæjʋæ]
working day	työpäivä	[tyøpæjʋæ]
public holiday	juhlapäivä	[juhlapæjʋæ]
day off	vapaapäivä	[ʋapaːpæjʋæ]
weekend	viikonloppu	[ʋiːikon loppu]

all day long	koko päivän	[koko pæjʋæn]
the next day (adv)	ensi päivänä	[ensi pæjʋæɲæ]
two days ago	kaksi päivää sitten	[kaksi pæjʋæː sitten]
the day before	aattona	[aːttona]
daily (adj)	jokapäiväinen	[øka pæjʋæjnen]
every day (adv)	joka päivä	[øka pæjʋæ]

week	viikko	[ʋiːikko]
last week (adv)	viime viikolla	[ʋiːime ʋiːikolla]
next week (adv)	ensi viikolla	[ensi ʋiːikolla]
weekly (adj)	jokaviikkoinen	[økaʋiːikkojnen]
every week (adv)	joka viikko	[øka ʋiːikko]
twice a week	kaksi kertaa viikossa	[kaksi kertaː ʋiːikossa]
every Tuesday	joka tiistai	[øka tiːistaj]

18. Hours. Day and night

morning	aamu	[aːmu]
in the morning	aamulla	[aːmulla]
noon, midday	puolipäivä	[puolipæjʋæ]
in the afternoon	iltapäivällä	[ilta pæjʋæʎæ]
evening	ilta	[ilta]

in the evening	illalla	[illɑllɑ]
night	yö	[yø]
at night	yöllä	[yøʎæ]
midnight	puoliyö	[puoli yø]

second	sekunti	[sekunti]
minute	minuutti	[minuːtti]
hour	tunti	[tunti]
half an hour	puoli tuntia	[puoli tuntiɑ]
a quarter-hour	vartti	[ʋɑrtti]
fifteen minutes	viisitoista minuuttia	[ʋiːisitojstɑ minuːttiɑ]
24 hours	vuorokausi	[ʋuoro kɑusi]

sunrise	auringonnousu	[ɑuriŋon nousu]
dawn	sarastus	[sɑrɑstus]
early morning	varhainen aamu	[ʋɑrhɑjnen ɑːmu]
sunset	auringonlasku	[ɑuriŋon lɑsku]

early in the morning	aamulla aikaisin	[ɑːmullɑ ɑjkɑjsin]
this morning	tänä aamuna	[tæɲæ ɑːmunɑ]
tomorrow morning	ensi aamuna	[ensi ɑːmunɑ]

this afternoon	tänä päivänä	[tæɲæ pæjʋæɲæ]
in the afternoon	iltapäivällä	[iltɑ pæjʋæʎæ]
tomorrow afternoon	huomisiltapäivällä	[huomis iltɑ pæjʋæʎæ]

| tonight (this evening) | tänä iltana | [tæɲæ iltɑnɑ] |
| tomorrow night | ensi iltana | [ensi iltɑnɑ] |

at 3 o'clock sharp	tasan kolmelta	[tɑsɑn kolmeltɑ]
about 4 o'clock	noin neljältä	[nojn nelʰæltæ]
by 12 o'clock	kahdentoista mennessä	[kɑhdentojstɑ menessæ]

in 20 minutes	kahdenkymmenen minuutin kuluttua	[kɑhdeŋkymmenen minuːtin kuluttuɑ]
in an hour	tunnin kuluttua	[tuɲin kuluttuɑ]
on time (adv)	ajoissa	[ɑøjssɑ]

a quarter of ...	varttia vaille	[ʋɑrttiɑ ʋɑjlle]
within an hour	tunnin kuluessa	[tuɲin kuluessɑ]
every 15 minutes	viidentoista minuutin välein	[ʋiːiden tojstɑ minuːtin ʋælejn]
round the clock	ympäri vuorokauden	[ympæri ʋuoro kɑuden]

19. Months. Seasons

January	tammikuu	[tɑmmikuː]
February	helmikuu	[helmikuː]
March	maaliskuu	[mɑːliskuː]
April	huhtikuu	[huhtikuː]

| May | toukokuu | [toukoku:] |
| June | kesäkuu | [kesæku:] |

July	heinäkuu	[hejnæku:]
August	elokuu	[eloku:]
September	syyskuu	[sy:sku:]
October	lokakuu	[lokaku:]
November	marraskuu	[marrasku:]
December	joulukuu	[øuluku:]

spring	kevät	[keʋæt]
in spring	keväällä	[keʋæːʎæ]
spring (as adj)	keväinen	[keʋæjnen]

summer	kesä	[kesæ]
in summer	kesällä	[kesæʎæ]
summer (as adj)	kesäinen	[kesæjnen]

fall	syksy	[syksy]
in fall	syksyllä	[syksyʎæ]
fall (as adj)	syksyinen	[syksyjnen]

winter	talvi	[talʋi]
in winter	talvella	[talʋella]
winter (as adj)	talvinen	[talʋinen]

month	kuukausi	[ku:kausi]
this month	tässä kuukaudessa	[tæssæ ku:kaudessa]
next month	ensi kuukaudessa	[ensi ku:kaudessa]
last month	viime kuukaudessa	[ʋi:ime ku:kaudessa]

a month ago	kuukausi sitten	[ku:kausi sitten]
in a month (a month later)	kuukauden kuluttua	[ku:kauden kuluttua]
in 2 months (2 months later)	kahden kuukauden kuluttua	[kahden ku:kauden kuluttua]
the whole month	koko kuukauden	[koko ku:kauden]
all month long	koko kuukauden	[koko ku:kauden]

monthly (~ magazine)	kuukautinen	[ku:kautinen]
monthly (adv)	kuukausittain	[ku:kausittajn]
every month	joka kuukausi	[øka ku:kausi]
twice a month	kaksi kertaa kuukaudessa	[kaksi kerta: ku:kaudessa]

year	vuosi	[ʋuosi]
this year	tänä vuonna	[tæɲæ ʋuoŋa]
next year	ensi vuonna	[ensi ʋuoŋa]
last year	viime vuonna	[ʋi:ime ʋuoŋa]

a year ago	vuosi sitten	[ʋuosi sitten]
in a year	vuoden kuluttua	[ʋuoden kuluttua]
in two years	kahden vuoden kuluttua	[kahden ʋuoden kuluttua]

the whole year	**koko vuoden**	[koko ʋuoden]
all year long	**koko vuoden**	[koko ʋuoden]
every year	**joka vuosi**	[øka ʋuosi]
annual (adj)	**vuosittainen**	[ʋuosittajnen]
annually (adv)	**vuosittain**	[ʋuosittajn]
4 times a year	**neljä kertaa vuodessa**	[nelʰjæ kertɑː ʋuodessɑ]
date (e.g., today's ~)	**päivä**	[pæjʋæ]
date (e.g., ~ of birth)	**päivämäärä**	[pæjʋæmæːræ]
calendar	**kalenteri**	[kalenteri]
half a year	**puoli vuotta**	[puoli ʋuottɑ]
six months	**vuosipuolisko**	[ʋuosi puolisko]
season (summer, etc.)	**kausi**	[kɑusi]
century	**vuosisata**	[ʋuosisɑtɑ]

TRAVEL. HOTEL

T&P Books Publishing

20. Trip. Travel

tourism, travel	**matkailu**	[mɑtkɑjlu]
tourist	**matkailija**	[mɑtkɑjlijɑ]
trip, voyage	**matka**	[mɑtkɑ]
adventure	**seikkailu**	[sejkkɑjlu]
trip, journey	**matka**	[mɑtkɑ]
vacation	**loma**	[lomɑ]
to be on vacation	**olla lomalla**	[ollɑ lomɑllɑ]
rest	**lepo**	[lepo]
train	**juna**	[junɑ]
by train	**junalla**	[junɑllɑ]
airplane	**lentokone**	[lentokone]
by airplane	**lentokoneella**	[lentokone:llɑ]
by car	**autolla**	[ɑutollɑ]
by ship	**laivalla**	[lɑjuɑllɑ]
luggage	**matkatavarat**	[mɑtkɑtɑuɑrɑt]
suitcase	**matkalaukku**	[mɑtkɑlɑukku]
luggage cart	**matkatavarakärryt**	[mɑtkɑtɑuɑrɑt kærryt]
passport	**passi**	[pɑssi]
visa	**viisumi**	[ui:isumi]
ticket	**lippu**	[lippu]
air ticket	**lentolippu**	[lentolippu]
guidebook	**opas**	[opɑs]
map (tourist ~)	**kartta**	[kɑrttɑ]
area (rural ~)	**seutu**	[seutu]
place, site	**paikka**	[pɑjkkɑ]
exotica (n)	**eksoottisuus**	[ekso:ttisu:s]
exotic (adj)	**eksoottinen**	[ekso:ttinen]
amazing (adj)	**ihmeellinen**	[ihme:llinen]
group	**ryhmä**	[ryhmæ]
excursion, sightseeing tour	**retki**	[retki]
guide (person)	**opas**	[opɑs]

21. Hotel

hotel	**hotelli**	[hotelli]
motel	**motelli**	[motelli]

three-star	kolme tähteä	[kolme tæhteæ]
five-star	viisi tähteä	[ʋiːisi tæhteæ]
to stay (in hotel, etc.)	majoittua	[maøjttua]
room	huone	[huone]
single room	yhden hengen huone	[yhden heŋen huone]
double room	kahden hengen huone	[kahden heŋen huone]
to book a room	varata huone	[ʋarata huone]
half board	puolihoito	[puolihojto]
full board	täysihoito	[tæysihojto]
with bath	ammeen kanssa	[amme:n kanssa]
with shower	suihkun kanssa	[sujhkun kanssa]
satellite television	satelliittitelevisio	[satelliːitti teleʋisio]
air-conditioner	ilmastointilaite	[ilmastojntilajte]
towel	pyyhe	[py:he]
key	avain	[aʋajn]
administrator	vastaanottaja	[ʋasta:nottajæ]
chambermaid	kerrossiivooja	[kerrossiːiʋoːja]
porter, bellboy	kantaja	[kantaja]
doorman	vahtimestari	[ʋahti mestari]
restaurant	ravintola	[raʋintola]
pub, bar	baari	[baːri]
breakfast	aamiainen	[a:miajnen]
dinner	illallinen	[illallinen]
buffet	noutopöytä	[nouto pøytæ]
lobby	eteishalli	[etejshalli]
elevator	hissi	[hissi]
DO NOT DISTURB	ÄLKÄÄ HÄIRITKÖ	[ælkæː ɦæjritkø]
NO SMOKING	EI SAA POLTTAA!	[ej sa: poltta:]

22. Sightseeing

monument	patsas	[patsas]
fortress	linna	[liŋa]
palace	palatsi	[palatsi]
castle	linna	[liŋa]
tower	torni	[torni]
mausoleum	mausoleumi	[mausoleumi]
architecture	arkkitehtuuri	[arrkitehtu:ri]
medieval (adj)	keskiaikainen	[keskiajkajnen]
ancient (adj)	vanha	[ʋanha]
national (adj)	kansallinen	[kansallinen]
well-known (adj)	tunnettu	[tuŋettu]

tourist	matkailija	[mɑtkɑjlijɑ]
guide (person)	opas	[opɑs]
excursion, sightseeing tour	retki	[retki]
to show (vt)	näyttää	[ɲæyttæ:]
to tell (vt)	kertoa	[kertoɑ]

to find (vt)	löytää	[løytæ:]
to get lost (lose one's way)	hävitä	[hæʋitæ]
map (e.g., subway ~)	reittikartta	[rejtti kɑrttɑ]
map (e.g., city ~)	asemakaava	[ɑsemɑ kɑ:ʋɑ]

souvenir, gift	muistoesine	[mujstoesine]
gift shop	matkamuistokauppa	[mɑtkɑ mujsto kɑuppɑ]
to take pictures	valokuvata	[ʋɑlokuʋɑtɑ]
to have one's picture taken	valokuvauttaa itsensä	[ʋɑlo kuʋɑuttɑ: iʦensæ]

TRANSPORTATION

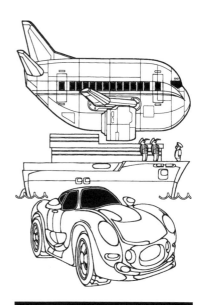

T&P Books Publishing

airport	lentoasema	[lentoasema]
airplane	lentokone	[lentokone]
airline	lentoyhtiö	[lentoyhtiø]
air traffic controller	valvoja	[ʋalʋoja]

departure	lentoonlähtö	[lento:nʎæhtø]
arrival	tulo	[tulo]
to arrive (by plane)	lentää	[lentæ:]

| departure time | lähtöaika | [ʎæhtø ajka] |
| arrival time | saapumisaika | [sa:pumis ajka] |

| to be delayed | myöhästyä | [myøhæstyæ] |
| flight delay | lennon viivytys | [leŋon ʋi:iʋytys] |

information board	tiedotustaulu	[tiedotus taulu]
information	tiedotus	[tiedotus]
to announce (vt)	ilmoittaa	[ilmojtta:]
flight (e.g., next ~)	lento	[lento]

| customs | tulli | [tulli] |
| customs officer | tullimies | [tullimies] |

customs declaration	tullausilmoitus	[tullaus ilmojtus]
to fill out the declaration	täyttää tullausilmoitus	[tæyttæ: tullaus ilmojtus]
passport control	passintarkastus	[passin tarkastus]

luggage	matkatavarat	[matkataʋarat]
hand luggage	käsimatkatavara	[kæsimatkataʋara]
Lost Luggage Desk	matkatavaroiden etsintä	[matkataʋarojden etsintæ]
luggage cart	matkatavarakärryt	[matkataʋarat kærryt]

landing	lasku	[lasku]
landing strip	laskurata	[laskurata]
to land (vi)	laskeutua	[laskeutua]
airstairs	portaat	[porta:t]

check-in	rekisteröinti	[rekisterøinti]
check-in desk	rekisteröintitiski	[rekisterøinti tiski]
to check-in (vi)	ilmoittautua	[ilmojttautua]
boarding pass	lippu	[lippu]
departure gate	lentokoneen pääsy	[lentokone:n pæ:sy]
transit	kauttakulku	[kauttakulku]
to wait (vt)	odottaa	[odotta:]

departure lounge	odotussali	[odotussali]
to see off	saattaa	[sɑːttɑ:]
to say goodbye	hyvästellä	[hyʋæsteʎæ]

24. Airplane

airplane	lentokone	[lentokone]
air ticket	lentolippu	[lentolippu]
airline	lentoyhtiö	[lentoyhtiø]
airport	lentoasema	[lentoɑsema]
supersonic (adj)	äänen nopeuden ylittävä	[æːnen nopeuden ylittæʋæ]

captain	lentokoneen päällikkö	[lentokone:n pæ:llikkø]
crew	miehistö	[mæhisto]
pilot	lentäjä	[lentæjæ]
flight attendant	lentoemäntä	[lentoemæntæ]
navigator	perämies	[peræmies]

wings	siivet	[si:iʋet]
tail	pyrstö	[pyrstø]
cockpit	hytti	[hytti]
engine	moottori	[mo:ttori]
undercarriage (landing gear)	laskuteline	[lɑskuteline]
turbine	turbiini	[turbi:ini]

propeller	propelli	[propelli]
black box	musta laatikko	[musta lɑ:tikko]
yoke (control column)	ruoriratas	[ruoriratas]
fuel	polttoaine	[polttoɑjne]

safety card	ohje	[ohʰje]
oxygen mask	happinaamari	[happinɑ:mari]
uniform	univormu	[uniʋormu]
life vest	pelastusliivi	[pelastusli:iʋi]
parachute	laskuvarjo	[lɑsku ʋarʰø]

takeoff	ilmaannousu	[ilma:ŋousu]
to take off (vi)	nousta ilmaan	[nousta ilmɑ:n]
runway	kiitorata	[ki:itorata]

visibility	näkyvyys	[ɲækyʋy:s]
flight (act of flying)	lento	[lento]
altitude	korkeus	[korkeus]
air pocket	ilmakuoppa	[ilmakuoppa]

seat	paikka	[pɑjkka]
headphones	kuulokkeet	[ku:lokke:t]
folding tray (tray table)	kääntöpöytä	[kæ:ntøpøytæ]

| airplane window | ikkuna | [ikkunɑ] |
| aisle | käytävä | [kæytæuæ] |

25. Train

train	juna	[junɑ]
commuter train	sähköjuna	[sæhkøjunɑ]
express train	pikajuna	[pikɑjunɑ]
diesel locomotive	moottoriveturi	[moːttoriueturi]
steam locomotive	veturi	[ueturi]

| passenger car | vaunu | [uɑunu] |
| dining car | ravintolavaunu | [rɑuintolɑ uɑunu] |

rails	ratakiskot	[rɑtɑkiskot]
railroad	rautatie	[rɑutɑtie]
railway tie	ratapölkky	[rɑtɑpølkky]

platform (railway ~)	asemalaituri	[ɑsemɑ lɑjturi]
track (~ 1, 2, etc.)	raide	[rɑjde]
semaphore	siipiopastin	[siːipi opɑstin]
station	asema	[ɑsemɑ]

engineer (train driver)	junankuljettaja	[yneŋkuʎættɑjɑ]
porter (of luggage)	kantaja	[kɑntɑjɑ]
car attendant	vaununhoitaja	[uɑunun hojtɑjɑ]
passenger	matkustaja	[mɑtkustɑjɑ]
conductor (ticket inspector)	tarkastaja	[tɑrkɑstɑjɑ]

| corridor (in train) | käytävä | [kæytæuæ] |
| emergency brake | hätäjarru | [hætæjɑrru] |

compartment	vaununosasto	[uɑunun osɑsto]
berth	vuode	[uuode]
upper berth	ylävuode	[yʎæuuode]
lower berth	alavuode	[ɑlɑuuode]
bed linen, bedding	vuodevaatteet	[uuodeuɑːtteːt]

ticket	lippu	[lippu]
schedule	aikataulu	[ɑjkɑtɑulu]
information display	ilmoitustaulu	[ilmojtustɑulu]

to leave, to depart	lähteä	[ʎæhteæ]
departure (of train)	junan lähtö	[junɑn ʎæhtø]
to arrive (ab. train)	saapua	[sɑːpuɑ]
arrival	saapuminen	[sɑːpuminen]

| to arrive by train | tulla junalla | [tullɑ junɑllɑ] |
| to get on the train | nousta junaan | [noustɑ junɑːn] |

to get off the train	nousta junasta	[nousta junasta]
train wreck	onnettomuus	[oŋettomu:s]
steam locomotive	veturi	[ueturi]
stoker, fireman	lämmittäjä	[ʎæmmittæjæ]
firebox	lämmitys	[ʎæmmitys]
coal	hiili	[hi:ili]

26. Ship

ship	laiva	[lajua]
vessel	alus	[alus]

steamship	höyrylaiva	[højrylajua]
riverboat	jokilaiva	[økilajua]
cruise ship	risteilijä	[ristejlijæ]
cruiser	risteilijä	[ristejlijæ]

yacht	pursi	[pursi]
tugboat	hinausköysi	[hinauskøysi]
barge	proomu	[pro:mu]
ferry	lautta	[lautta]

sailing ship	purjealus	[purʰjealus]
brigantine	merirosvot	[merirosuot]

ice breaker	jäänmurtaja	[jæ:nmurtaja]
submarine	sukellusvene	[sukellusuene]

boat (flat-bottomed ~)	jolla	[ølla]
dinghy	vene	[uene]
lifeboat	pelastusvene	[pelastus uene]
motorboat	moottorivene	[mo:ttoriuene]

captain	kapteeni	[kapte:ni]
seaman	matruusi	[matru:si]
sailor	merimies	[merimies]
crew	miehistö	[mæhisto]

boatswain	pursimies	[pursimies]
ship's boy	laivapoika	[lajua pojka]
cook	kokki	[kokki]
ship's doctor	laivalääkäri	[lajua læ:kæri]

deck	kansi	[kansi]
mast	masto	[masto]
sail	purje	[purʰje]

hold	ruuma	[ru:ma]
bow (prow)	keula	[keula]
stern	perä	[peræ]

| oar | airo | [ajro] |
| screw propeller | potkuri | [potkuri] |

cabin	hytti	[hytti]
wardroom	upseerimessi	[upse:ri messi]
engine room	konehuone	[konehuone]
bridge	komentosilta	[komentosilta]
radio room	radiohuone	[radiohuone]
wave (radio)	aalto	[a:lto]
logbook	laivapäiväkirja	[lajʋa pæjʋækirʰja]

spyglass	kaukoputki	[kaukoputki]
bell	kello	[kello]
flag	lippu	[lippu]

| rope (mooring ~) | köysi | [køysi] |
| knot (bowline, etc.) | solmu | [solmu] |

| deckrails | käsipuu | [kæsipu:] |
| gangway | portaat | [porta:t] |

anchor	ankkuri	[aŋkkuri]
to weigh anchor	nostaa ankkuri	[nosta: aŋkkuri]
to drop anchor	heittää ankkuri	[hejttæ: aŋkkuri]
anchor chain	ankkuriketju	[aŋkkuriketju]

port (harbor)	satama	[satama]
quay, wharf	laituri	[lajturi]
to berth (moor)	laskea laituriin	[laskea lajturi:in]
to cast off	irtautua	[irtautua]

trip, voyage	matka	[matka]
cruise (sea trip)	laivamatka	[lajʋamatka]
course (route)	kurssi	[kurssi]
route (itinerary)	reitti	[rejtti]

fairway	väylä	[ʋæyʎæ]
shallows	matalikko	[matalikko]
to run aground	ajautua matalikolle	[ajautua matalikolle]

storm	myrsky	[myrsky]
signal	merkki	[merkki]
to sink (vi)	upota	[upota]
SOS (distress signal)	SOS	[sos]
ring buoy	pelastusrengas	[pelastus reŋas]

CITY

T&P Books Publishing

27. Urban transportation

bus	**bussi**	[bussi]
streetcar	**raitiovaunu**	[rajtiouaunu]
trolley bus	**johdinauto**	[øhdin auto]
route (of bus, etc.)	**reitti**	[rejtti]
number (e.g., bus ~)	**numero**	[numero]
to go by …	**mennä …**	[meŋæ]
to get on (~ the bus)	**nousta**	[nousta]
to get off …	**astua ulos**	[astua ulos]
stop (e.g., bus ~)	**pysäkki**	[pysækki]
next stop	**seuraava pysäkki**	[seura:ua pysækki]
terminus	**viimeinen pysäkki**	[ui:imejnen pysækki]
schedule	**aikataulu**	[ajkataulu]
to wait (vt)	**odottaa**	[odotta:]
ticket	**lippu**	[lippu]
fare	**lipun hinta**	[lipun hinta]
cashier (ticket seller)	**kassanhoitaja**	[kassanhojtaja]
ticket inspection	**tarkastus**	[tarkastus]
ticket inspector	**tarkastaja**	[tarkastaja]
to be late (for …)	**myöhästyä**	[myøɦæstyæ]
to miss (~ the train, etc.)	**myöhästyä**	[myøɦæstyæ]
to be in a hurry	**kiirehtiä**	[ki:irehtiæ]
taxi, cab	**taksi**	[taksi]
taxi driver	**taksinkuljettaja**	[taksin kuʎettaja]
by taxi	**taksilla**	[taksilla]
taxi stand	**taksiasema**	[taksiasema]
to call a taxi	**tilata taksi**	[tilata taksi]
to take a taxi	**ottaa taksi**	[otta: taksi]
traffic	**katuliikenne**	[katuli:ikeŋe]
traffic jam	**ruuhka**	[ru:hka]
rush hour	**ruuhka-aika**	[ru:hka ajka]
to park (vi)	**pysäköidä**	[pysækøjdæ]
to park (vt)	**pysäköidä**	[pysækøjdæ]
parking lot	**parkkipaikka**	[parkki pajkka]
subway	**metro**	[metro]
station	**asema**	[asema]
to take the subway	**mennä metrolla**	[meŋæ metrollla]

| train | juna | [juna] |
| train station | rautatieasema | [rautatieasema] |

28. City. Life in the city

city, town	kaupunki	[kaupuŋki]
capital city	pääkaupunki	[pæːkaupuŋki]
village	kylä	[kyʎæ]

city map	kaupungin asemakaava	[kaupuŋin asema kaːʋa]
downtown	kaupungin keskusta	[kaupuŋin keskusta]
suburb	esikaupunki	[esikaupuŋki]
suburban (adj)	esikaupunki-	[esikaupuŋki]

outskirts	laita	[lajta]
environs (suburbs)	ympäristö	[ympæristø]
city block	kortteli	[kortteli]
residential block (area)	asuinkortteli	[asujŋkortteli]

traffic	liikenne	[liːikeŋe]
traffic lights	liikennevalot	[liːikeŋeʋalot]
public transportation	julkiset kulkuvälineet	[julkiset kulkuʋælineːt]
intersection	risteys	[risteys]

crosswalk	suojatie	[suojatæ]
pedestrian underpass	alikäytävä	[alikæytæʋæ]
to cross (~ the street)	mennä yli	[meŋæ yli]
pedestrian	jalankulkija	[jalaŋkulkija]
sidewalk	jalkakäytävä	[jalkakæytæʋæ]

bridge	silta	[silta]
embankment (river walk)	rantakatu	[rantakatu]
fountain	suihkulähde	[sujhku ʎæhde]

allée (garden walkway)	lehtikuja	[lehti kuja]
park	puisto	[pujsto]
boulevard	bulevardi	[buleʋardi]
square	aukio	[aukio]
avenue (wide street)	valtakatu	[ʋalta katu]
street	katu	[katu]
side street	kuja	[kuja]
dead end	umpikuja	[umpikuja]

house	talo	[talo]
building	rakennus	[rakeŋus]
skyscraper	pilvenpiirtäjä	[pilʋen piːirtæjæ]

facade	julkisivu	[julkisiʋu]
roof	katto	[katto]
window	ikkuna	[ikkuna]

arch	kaari	[kɑːri]
column	pylväs	[pylʋæs]
corner	kulma	[kulmɑ]

store window	näyteikkuna	[ɲæyte ikkunɑ]
signboard (store sign, etc.)	kyltti	[kyltti]
poster	juliste	[juliste]
advertising poster	mainosjuliste	[mɑjnos juliste]
billboard	mainoskilpi	[mɑjnos kilpi]

garbage, trash	jätteet	[jætteːt]
trashcan (public ~)	roskis	[roskis]
to litter (vi)	roskata	[roskɑtɑ]
garbage dump	kaatopaikka	[kɑːtopɑjkkɑ]

phone booth	puhelinkoppi	[puheliŋkoppi]
lamppost	lyhtypylväs	[lyhtypylʋæs]
bench (park ~)	penkki	[peŋkki]

police officer	poliisi	[poliːisi]
police	poliisi	[poliːisi]
beggar	kerjäläinen	[kerʰjæʎæjnen]
homeless (n)	koditon	[koditon]

29. Urban institutions

store	kauppa	[kɑuppɑ]
drugstore, pharmacy	apteekki	[apteːkki]
eyeglass store	optiikka	[optiːikkɑ]
shopping mall	kauppakeskus	[kɑuppɑ keskus]
supermarket	supermarketti	[supermɑrketti]

bakery	leipäkauppa	[lejpækɑuppɑ]
baker	leipuri	[lejpuri]
candy store	konditoria	[konditoriɑ]
grocery store	sekatavarakauppa	[sekɑtɑʋɑrɑ kɑuppɑ]
butcher shop	lihakauppa	[lihɑkɑuppɑ]

| produce store | vihanneskauppa | [ʋihɑɲes kɑuppɑ] |
| market | kauppatori | [kɑuppɑtori] |

coffee house	kahvila	[kɑhʋilɑ]
restaurant	ravintola	[rɑʋintolɑ]
pub, bar	pubi	[pubi]
pizzeria	pizzeria	[pitseriɑ]

hair salon	parturinliike	[pɑrturin liːike]
post office	posti	[posti]
dry cleaners	kemiallinen pesu	[kemiɑllinen pesu]
photo studio	valokuvausliike	[ʋɑlo kuʋɑus liːike]

shoe store	kenkäkauppa	[keŋkækauppɑ]
bookstore	kirjakauppa	[kirʰjɑ kɑuppɑ]
sporting goods store	urheilukauppa	[urhejlu kauppɑ]

clothes repair shop	vaatteiden korjaus	[ʋɑːttejden korʰjɑus]
formal wear rental	vaatteiden vuokra	[ʋɑːttejden ʋuokrɑ]
video rental store	elokuvien vuokra	[elo kuʋien ʋuokrɑ]

circus	sirkus	[sirkus]
zoo	eläintarha	[eʎæjntɑrhɑ]
movie theater	elokuvateatteri	[elokuʋɑ teɑtteri]
museum	museo	[museo]
library	kirjasto	[kirʰjɑsto]

theater	teatteri	[teɑtteri]
opera (opera house)	ooppera	[oːpperɑ]
nightclub	yökerho	[yøkerho]
casino	kasino	[kasino]

mosque	moskeija	[moskejɑ]
synagogue	synagoga	[synɑgogɑ]
cathedral	tuomiokirkko	[tuomiokirkko]
temple	temppeli	[temppeli]
church	kirkko	[kirkko]

college	instituutti	[institu:tti]
university	yliopisto	[yliopisto]
school	koulu	[koulu]

prefecture	prefektuuri	[prefektu:ri]
city hall	kaupunginhallitus	[kaupuŋin hallitus]
hotel	hotelli	[hotelli]
bank	pankki	[paŋkki]

embassy	suurlähetystö	[su:r ʎæhetystø]
travel agency	matkatoimisto	[mɑtkɑ tojmisto]
information office	neuvontatoimisto	[neuʋon tatojmisto]
currency exchange	vaihtopiste	[ʋɑjhtopiste]

| subway | metro | [metro] |
| hospital | sairaala | [sɑjrɑːlɑ] |

| gas station | bensiiniasema | [bensi:ini ɑsemɑ] |
| parking lot | parkkipaikka | [pɑrkki pɑjkkɑ] |

30. Signs

signboard (store sign, etc.)	kyltti	[kyltti]
notice (door sign, etc.)	kirjoitus	[kirʰøjtus]
poster	juliste	[juliste]

direction sign	osoitin	[osojtin]
arrow (sign)	nuoli	[nuoli]
caution	varoitus	[ʋarojtus]
warning sign	varoitus	[ʋarojtus]
to warn (vt)	varoittaa	[ʋarojtta:]
rest day (weekly ~)	vapaapäivä	[ʋapɑ:pæejʋæ]
timetable (schedule)	aikataulu	[ajkɑtaulu]
opening hours	aukioloaika	[aukioloɑjkɑ]
WELCOME!	TERVETULOA!	[terʋetuloɑ]
ENTRANCE	SISÄÄN	[sisæ:n]
EXIT	ULOS	[ulos]
PUSH	TYÖNNÄ	[tyøŋæ]
PULL	VEDÄ	[ʋedæ]
OPEN	AUKI	[auki]
CLOSED	KIINNI	[ki:iŋi]
WOMEN	NAISET	[nɑjset]
MEN	MIEHET	[miehet]
DISCOUNTS	ALE	[ale]
SALE	ALENNUSMYYNTI	[aleŋusmy:nti]
NEW!	UUTUUS!	[u:tu:s]
FREE	ILMAISEKSI	[ilmɑjseksi]
ATTENTION!	HUOMIO!	[huomio]
NO VACANCIES	EI OLE TILAA	[ej ole tilæ:]
RESERVED	VARATTU	[ʋarattu]
ADMINISTRATION	HALLINTO	[hallinto]
STAFF ONLY	VAIN	[ʋajn
	HENKILÖKUNNALLE	heŋkilø kuŋalle]
BEWARE OF THE DOG!	VARO VIHAISTA	[ʋaro ʋihɑjstɑ
	KOIRAA	kojræ:]
NO SMOKING	TUPAKOINTI KIELLETTY	[tupɑkojnti kielletty]
DO NOT TOUCH!	EI SAA KOSKEA!	[ej sɑ: koskeɑ]
DANGEROUS	ON VAARALLISTA	[on ʋɑ:rallistɑ]
DANGER	HENGENVAARA	[heŋenʋɑ:ra]
HIGH VOLTAGE	SUURJÄNNITE	[su:rjæŋite]
NO SWIMMING!	UIMINEN KIELLETTY	[ujminen kielletty]
OUT OF ORDER	EI TOIMI	[ej tojmi]
FLAMMABLE	SYTTYVÄ	[syttyʋæ]
FORBIDDEN	KIELLETTY	[kielletty]
NO TRESPASSING!	LÄPIKULKU KIELLETTY	[ʎæpikulku kielletty]
WET PAINT	ON MAALATTU	[on mɑ:lattu]

31. Shopping

to buy (purchase)	**ostaa**	[osta:]
purchase	**ostos**	[ostos]
to go shopping	**käydä ostoksilla**	[kæydæ ostoksilla]
shopping	**ostoksilla käynti**	[ostoksilla kæynti]
to be open (ab. store)	**toimia**	[tojmia]
to be closed	**olla kiinni**	[olla ki:iŋi]
footwear, shoes	**jalkineet**	[jalkine:t]
clothes, clothing	**vaatteet**	[ʋa:tte:t]
cosmetics	**kosmetiikka**	[kosmeti:ikka]
food products	**ruokatavarat**	[ruoka taʋarat]
gift, present	**lahja**	[lahʰja]
salesman	**myyjä**	[my:jæ]
saleswoman	**myyjätär**	[my:jætær]
check out, cash desk	**kassa**	[kassa]
mirror	**peili**	[pejli]
counter (store ~)	**tiski**	[tiski]
fitting room	**sovitushuone**	[soʋitus huone]
to try on	**sovittaa**	[soʋitta:]
to fit (ab. dress, etc.)	**sopia**	[sopia]
to like (I like ...)	**miellyttää**	[miellyttæ:]
price	**hinta**	[hinta]
price tag	**hintalappu**	[hinta lappu]
to cost (vt)	**maksaa**	[maksa:]
How much?	**Kuinka paljon?**	[kuiŋka palʰon]
discount	**alennus**	[aleŋus]
inexpensive (adj)	**halpa**	[halpa]
cheap (adj)	**halpa**	[halpa]
expensive (adj)	**kallis**	[kallis]
It's expensive	**Se on kallista**	[se on kallista]
rental (n)	**vuokra**	[ʋuokra]
to rent (~ a tuxedo)	**vuokrata**	[ʋuokrata]
credit (trade credit)	**luotto**	[luotto]
on credit (adv)	**luotolla**	[luotolla]

CLOTHING & ACCESSORIES

T&P Books Publishing

32. Outerwear. Coats

clothes	vaatteet	[ʋɑːtteːt]
outerwear	päällysvaatteet	[pæːllys ʋɑːtteːt]
winter clothing	talvivaatteet	[talʋi ʋɑːtteːt]

coat (overcoat)	takki	[takki]
fur coat	turkki	[turkki]
fur jacket	puoliturkki	[puoli turkki]
down coat	untuvatakki	[untuʋatakki]

jacket (e.g., leather ~)	takki	[takki]
raincoat (trenchcoat, etc.)	sadetakki	[sadetakki]
waterproof (adj)	vedenpitävä	[ʋedenpitæʋæ]

33. Men's & women's clothing

shirt (button shirt)	paita	[pajta]
pants	housut	[housut]
jeans	farkut	[farkut]
suit jacket	takki	[takki]
suit	puku	[puku]

dress (frock)	leninki	[leniŋki]
skirt	hame	[hame]
blouse	pusero	[pusero]
knitted jacket (cardigan, etc.)	villapusero	[ʋillapusero]
jacket (of woman's suit)	jakku	[jakku]

T-shirt	T-paita	[tepajta]
shorts (short trousers)	sortsit	[sortsit]
tracksuit	urheilupuku	[urhejlupuku]
bathrobe	froteinen aamutakki	[frotejnen aːmutakki]
pajamas	pyjama	[pyjama]

sweater	villapaita	[ʋillapajta]
pullover	neulepusero	[neule pusero]

vest	liivi	[liːiʋi]
tailcoat	frakki	[frakki]
tuxedo	smokki	[smokki]
uniform	univormu	[uniʋormu]
workwear	työvaatteet	[tyøʋɑːtteːt]

| overalls | haalari | [hɑ:lɑri] |
| coat (e.g., doctor's smock) | lääkärintakki | [læ:kærin takki] |

34. Clothing. Underwear

underwear	alusvaatteet	[alusʋɑ:tte:t]
undershirt (A-shirt)	aluspaita	[aluspɑjta]
socks	sukat	[sukat]

nightgown	pyjama	[pyjama]
bra	rintaliivit	[rintali:iʋit]
knee highs	polvisukat	[polʋisukat]
(knee-high socks)		
pantyhose	sukkahousut	[sukkahousut]
stockings (thigh highs)	sukat	[sukat]
bathing suit	uimapuku	[ujmapuku]

35. Headwear

hat	hattu	[hattu]
fedora	fedora-hattu	[fedora hattu]
baseball cap	lippalakki	[lippalakki]
flatcap	lakki	[lakki]

beret	baskeri	[baskeri]
hood	huppu	[huppu]
panama hat	panama	[panama]
knit cap (knitted hat)	pipo	[pipo]

| headscarf | huivi | [huiʋi] |
| women's hat | hattu | [hattu] |

hard hat	kypärä	[kypæræ]
garrison cap	suikka	[suikka]
helmet	kypärä	[kypæræ]

| derby | knalli | [knalli] |
| top hat | silinterihattu | [silinteri hattu] |

36. Footwear

footwear	jalkineet	[jalkine:t]
shoes (men's shoes)	varsikengät	[ʋarsikeŋæt]
shoes (women's shoes)	kengät	[keŋæt]
boots (cowboy ~)	saappaat	[sɑ:ppɑ:t]
slippers	tossut	[tossut]

tennis shoes (e.g., Nike ~)	lenkkitossut	[leŋkkitossut]
sneakers	lenkkarit	[leŋkkarit]
(e.g., Converse ~)		
sandals	sandaalit	[sɑndɑ:lit]

cobbler (shoe repairer)	suutari	[su:tɑri]
heel	korko	[korko]
pair (of shoes)	pari	[pɑri]

shoestring	nauhat	[nɑuhɑt]
to lace (vt)	sitoa kengännauhat	[sitoɑ keɲæŋɑuhɑt]
shoehorn	kenkälusikka	[keŋkælusikkɑ]
shoe polish	kenkävoide	[keŋkæʋojde]

37. Personal accessories

gloves	käsineet	[kæsine:t]
mittens	lapaset	[lɑpɑset]
scarf (muffler)	kaulaliina	[kɑulɑli:nɑ]

glasses (eyeglasses)	silmälasit	[silmælɑsit]
frame (eyeglass ~)	kehys	[kehys]
umbrella	sateenvarjo	[sɑte:nʋɑrø]
walking stick	kävelykeppi	[kæʋelykeppi]
hairbrush	hiusharja	[hiushɑrʰjɑ]
fan	viuhka	[ʋiuhkɑ]

tie (necktie)	solmio	[solmio]
bow tie	rusetti	[rusetti]
suspenders	henkselit	[heŋkselit]
handkerchief	nenäliina	[neɲæ li:nɑ]

comb	kampa	[kɑmpɑ]
barrette	hiussolki	[hiussolki]
hairpin	hiusneula	[hiusneulɑ]
buckle	solki	[solki]

| belt | vyö | [ʋyø] |
| shoulder strap | hihna | [hihnɑ] |

bag (handbag)	laukku	[lɑukku]
purse	käsilaukku	[kæsilɑukku]
backpack	reppu	[reppu]

38. Clothing. Miscellaneous

| fashion | muoti | [muoti] |
| in vogue (adj) | muodikas | [muodikɑs] |

fashion designer	mallisuunnittelija	[mɑlli suːŋittelijɑ]
collar	kaulus	[kɑulus]
pocket	tasku	[tɑsku]
pocket (as adj)	tasku-	[tɑsku]
sleeve	hiha	[hihɑ]
hanging loop	silmukka	[silmukkɑ]
fly (on trousers)	halkio	[hɑlkio]
zipper (fastener)	vetoketju	[ʋetoketʲju]
fastener	kiinnitin	[kiːiŋitin]
button	nappi	[nɑppi]
buttonhole	napinläpi	[nɑpinʎæpi]
to come off (ab. button)	irtautua	[irtautuɑ]
to sew (vi, vt)	ommella	[ommellɑ]
to embroider (vi, vt)	kirjoa	[kirʰøɑ]
embroidery	kirjonta	[kirʰøntɑ]
sewing needle	neula	[neulɑ]
thread	lanka	[lɑŋkɑ]
seam	sauma	[sɑumɑ]
to get dirty (vi)	tahraantua	[tɑhrɑːntuɑ]
stain (mark, spot)	tahra	[tɑhrɑ]
to crease, crumple (vi)	rypistyä	[rypistyæ]
to tear, to rip (vt)	repiä	[repiæ]
clothes moth	koi	[koj]

39. Personal care. Cosmetics

toothpaste	hammastahna	[hɑmmɑs tɑhnɑ]
toothbrush	hammasharja	[hɑmmɑs harʰjɑ]
to brush one's teeth	harjata hampaita	[harʰjɑtɑ hɑmpɑjtɑ]
razor	partaveitsi	[pɑrtɑʋejtsi]
shaving cream	partavaahdoke	[pɑrtɑʋaːhdoke]
to shave (vi)	ajaa partansa	[ɑjaː pɑrtɑnsɑ]
soap	saippua	[sɑjppuɑ]
shampoo	sampoo	[sɑmpoː]
scissors	sakset	[sɑkset]
nail file	kynsiviila	[kynsiʋiːilɑ]
nail clippers	kynsileikkuri	[kynsilejkkuri]
tweezers	pinsetit	[pinsetit]
cosmetics	meikki	[mejkki]
face mask	naamio	[naːmio]
manicure	kynsienhoito	[kynsienhojto]
to have a manicure	hoitaa kynsiä	[hojtaː kynsiæ]
pedicure	jalkojenhoito	[jɑlkojenhojto]

make-up bag	meikkipussi	[mejkkipussi]
face powder	puuteri	[pu:teri]
powder compact	puuterirasia	[pu:terirasia]
blusher	poskipuna	[poskipuna]

perfume (bottled)	parfyymi	[parfy:mi]
toilet water (perfume)	hajuvesi	[hajuʋesi]
lotion	kasvovesi	[kasʋoʋesi]
cologne	kölninvesi	[kølʋinʋesi]

eyeshadow	luomiväri	[luomiʋæri]
eyeliner	rajauskynä	[rajauskyɲæ]
mascara	ripsiväri	[ripsiʋæri]

lipstick	huulipuna	[hu:lipuna]
nail polish, enamel	kynsilakka	[kynsilakka]
hair spray	hiuslakka	[hiuslakka]
deodorant	deodorantti	[deodorantti]

cream	voide	[ʋojde]
face cream	kasvovoide	[kasʋoʋojde]
hand cream	käsivoide	[kæsiʋojde]
anti-wrinkle cream	ryppyvoide	[ryppyʋojde]
day (as adj)	päivä-	[pæjʋæ]
night (as adj)	yöllinen	[yøllinen]

tampon	tamponi	[tamponi]
toilet paper	vessapaperi	[ʋessapaperi]
hair dryer	hiustenkuivain	[hiusten kujʋajn]

40. Watches. Clocks

watch (wristwatch)	rannekello	[raɳekello]
dial	numerotaulu	[numerotaulu]
hand (of clock, watch)	osoitin	[osojtin]
metal watch band	rannerengas	[raɳereɳas]
watch strap	hihna	[hihna]

battery	paristo	[paristo]
to be dead (battery)	olla kulunut loppuun	[olla kulunut loppu:n]
to change a battery	vaihtaa paristo	[ʋajhta: paristo]
to run fast	edistää	[edistæ:]
to run slow	jätättää	[ætættæ:]

wall clock	seinäkello	[sejɲækello]
hourglass	tiimalasi	[ti:imalasi]
sundial	aurinkokello	[auriɳko kello]
alarm clock	herätyskello	[herætys kello]
watchmaker	kelloseppä	[kelloseppæ]
to repair (vt)	korjata	[korʰjata]

EVERYDAY EXPERIENCE

T&P Books Publishing

41. Money

money	**rahat**	[rɑhɑt]
currency exchange	**vaihto**	[ʋɑjhto]
exchange rate	**kurssi**	[kurssi]
ATM	**pankkiautomaatti**	[pɑŋkki ɑutomɑːtti]
coin	**kolikko**	[kolikko]
dollar	**dollari**	[dollɑri]
euro	**euro**	[euro]
lira	**liira**	[liːrɑ]
Deutschmark	**markka**	[mɑrkkɑ]
franc	**frangi**	[frɑŋi]
pound sterling	**punta**	[puntɑ]
yen	**jeni**	[jeni]
debt	**velka**	[ʋelkɑ]
debtor	**velallinen**	[ʋelɑllinen]
to lend (money)	**lainata jollekulle**	[lɑjnɑtɑ ølekulle]
to borrow (vi, vt)	**lainata joltakulta**	[lɑjnɑtɑ øltɑkultɑ]
bank	**pankki**	[pɑŋkki]
account	**tili**	[tili]
to deposit into the account	**tallettaa rahaa tilille**	[tɑllettɑː rɑhɑː tilille]
to withdraw (vt)	**nostaa rahaa tililtä**	[nostɑː rɑhɑː tililtɑ]
credit card	**luottokortti**	[luotto kortti]
cash	**käteinen**	[kæʏtejnen]
check	**kuitti**	[kujtti]
to write a check	**kirjoittaa shekki**	[kirʰojttɑː ʃekki]
checkbook	**sekkivihko**	[seːkkiʋihko]
wallet	**lompakko**	[lompɑkko]
change purse	**kukkaro**	[kukkɑro]
billfold	**kukkaro**	[kukkɑro]
safe	**kassakaappi**	[kɑssɑkɑːppi]
heir	**perillinen**	[perillinen]
inheritance	**perintö**	[perintø]
fortune (wealth)	**omaisuus**	[omɑjsuːs]
lease	**vuokraus**	[ʋuokrɑus]
rent (money)	**asuntovuokra**	[ɑsuntoʋuokrɑ]
to rent (sth from sb)	**vuokrata**	[ʋuokrɑtɑ]
price	**hinta**	[hintɑ]

| cost | hinta | [hinta] |
| sum | summa | [summa] |

to spend (vt)	kuluttaa	[kulutta:]
expenses	kulut	[kulut]
to economize (vi, vt)	säästää	[sæ:stæ:]
economical	säästäväinen	[sæ:stævæjnen]

to pay (vi, vt)	maksaa	[maksa:]
payment	maksu	[maksu]
change (give the ~)	vaihtoraha	[vajhtoraha]

tax	vero	[vero]
fine	sakko	[sakko]
to fine (vt)	sakottaa	[sakotta:]

42. Post. Postal service

post office	posti	[posti]
mail (letters, etc.)	posti	[posti]
mailman	postikantaja	[postiŋkantajæ]
opening hours	virka-aika	[virka ajka]

letter	kirje	[kirʰje]
registered letter	kirjattu kirje	[kirʰjattu kirʰje]
postcard	postikortti	[posti kortti]
telegram	sähke	[sæhke]
package (parcel)	paketti	[paketti]
money transfer	rahalähetys	[raha ʎæhetys]

to receive (vt)	saada	[sa:da]
to send (vt)	lähettää	[ʎæhettæ:]
sending	kirjeen lähetys	[kirʰje:n ʎæhetys]
address	osoite	[osojte]
ZIP code	postinumero	[postinumero]
sender	lähettäjä	[ʎæhettæjæ]
receiver	saaja	[sa:ja]

| name (first name) | nimi | [nimi] |
| surname (last name) | sukunimi | [sukunimi] |

postage rate	tariffi	[tariffi]
standard (adj)	tavallinen	[tavallinen]
economical (adj)	edullinen	[edullinen]

weight	paino	[pajno]
to weigh (~ letters)	punnita	[puŋita]
envelope	kirjekuori	[kirʰjekuori]
postage stamp	postimerkki	[postimerkki]
to stamp an envelope	liimata postimerkki	[li:mata postimerkki]

43. Banking

bank	**pankki**	[paŋkki]
branch (of bank, etc.)	**osasto**	[osasto]
bank clerk, consultant	**neuvoja**	[neuʋoja]
manager (director)	**johtaja**	[øhtaja]
bank account	**tili**	[tili]
account number	**tilinumero**	[tili numero]
checking account	**käyttötili**	[kæyttø tili]
savings account	**säästötili**	[sæːstø tili]
to open an account	**avata tili**	[aʋata tili]
to close the account	**kuolettaa tili**	[kuoletta: tili]
to deposit into the account	**panna tilille**	[paŋa tilille]
to withdraw (vt)	**nostaa rahat tililtä**	[nosta: rahat tililta]
deposit	**talletus**	[talletus]
to make a deposit	**tallettaa**	[talletta:]
wire transfer	**siirto**	[si:irto]
to wire, to transfer	**siirtää**	[si:irtæ:]
sum	**summa**	[summa]
How much?	**paljonko**	[palʰøŋko]
signature	**allekirjoitus**	[allekirʰøjtus]
to sign (vt)	**allekirjoittaa**	[allekirʰojtta:]
credit card	**luottokortti**	[luotto kortti]
code (PIN code)	**koodi**	[ko:di]
credit card number	**luottokortin numero**	[luotto kortin numero]
ATM	**pankkiautomaatti**	[paŋkki automa:tti]
check	**kuitti**	[kujtti]
to write a check	**kirjoittaa shekki**	[kirʰojtta: ʃekki]
checkbook	**sekkivihko**	[se:kkiʋihko]
loan (bank ~)	**luotto**	[luotto]
to apply for a loan	**hakea luottoa**	[hakea luottoa]
to get a loan	**saada luotto**	[sa:da luotto]
to give a loan	**antaa luottoa**	[anta: luottoa]
guarantee	**takuu**	[taku:]

44. Telephone. Phone conversation

telephone	**puhelin**	[puhelin]
mobile phone	**matkapuhelin**	[matka puhelin]
answering machine	**puhelinvastaaja**	[puhelin ʋasta:ja]

| to call (by phone) | soittaa | [sojtta:] |
| phone call | soitto | [sojtto] |

to dial a number	valita numero	[valita numero]
Hello!	Hei!	[hej]
to ask (vt)	kysyä	[kysyæ]
to answer (vi, vt)	vastata	[vastata]

to hear (vt)	kuulla	[ku:lla]
well (adv)	hyvin	[hyvin]
not well (adv)	huonosti	[huonosti]
noises (interference)	häiriöt	[hæjriøt]

receiver	kuuloke	[ku:loke]
to pick up (~ the phone)	nostaa luuri	[nosta: lu:ri]
to hang up (~ the phone)	laskea luuri	[laskea lu:ri]

busy (adj)	varattu	[varattu]
to ring (ab. phone)	soittaa	[sojtta:]
telephone book	puhelinluettelo	[puhelin luettelo]

local (adj)	paikallinen	[pajkallinen]
long distance (~ call)	kauko-	[kauko]
international (adj)	kansainvälinen	[kansajnvælinen]

45. Mobile telephone

mobile phone	matkapuhelin	[matka puhelin]
display	näyttö	[næyttø]
button	nappula	[nappula]
SIM card	SIM-kortti	[sim kortti]

battery	paristo	[paristo]
to be dead (battery)	olla tyhjä	[olla ty:hʲa]
charger	laturi	[laturi]

| menu | valikko | [valikko] |
| settings | asetukset | [asetukset] |

| tune (melody) | melodia | [melodia] |
| to select (vt) | valita | [valita] |

| calculator | laskin | [laskin] |
| voice mail | puhelinvastaaja | [puhelin vasta:ja] |

| alarm clock | herätyskello | [herætys kello] |
| contacts | puhelinluettelo | [puhelin luettelo] |

| SMS (text message) | SMS-viesti | [esemes viesti] |
| subscriber | tilaaja | [tila:ja] |

46. Stationery

ballpoint pen	täytekynä	[tæytekyɲæ]
fountain pen	sulkakynä	[sulkakyɲæ]
pencil	lyijykynä	[ly:kyɲæ]
highlighter	korostuskynä	[korostuskyɲæ]
felt-tip pen	huopakynä	[huopakyɲæ]
notepad	lehtiö	[lehtiø]
agenda (diary)	päivyri	[pæjʋyri]
ruler	viivoitin	[ʋi:iʋojtin]
calculator	laskin	[laskin]
eraser	kumi	[kumi]
thumbtack	nasta	[nasta]
paper clip	paperiliitin	[paperi li:itin]
glue	liima	[li:ima]
stapler	nitoja	[nitoja]
hole punch	rei'itin	[rejitin]
pencil sharpener	teroitin	[terojtin]

47. Foreign languages

language	kieli	[kieli]
foreign language	vieras kieli	[ʋieras kieli]
to study (vt)	opiskella	[opiskella]
to learn (language, etc.)	opetella	[opetella]
to read (vi, vt)	lukea	[lukea]
to speak (vi, vt)	puhua	[puhua]
to understand (vt)	ymmärtää	[ymmærtæ:]
to write (vt)	kirjoittaa	[kirʰojtta:]
fast (adv)	nopeasti	[nopeasti]
slowly (adv)	hitaasti	[hita:sti]
fluently (adv)	sujuvasti	[sujuʋasti]
rules	säännöt	[sæ:ŋøt]
grammar	kielioppi	[kielioppi]
vocabulary	sanasto	[sanasto]
phonetics	äänneoppi	[æ:ŋeoppi]
textbook	oppikirja	[oppikirʰja]
dictionary	sanakirja	[sanakirʰja]
teach-yourself book	itseopiskeluopas	[itseopiskelu opas]
phrasebook	fraasisanakirja	[fra:si sanakirʰa]
cassette	kasetti	[kasetti]

videotape	videokasetti	[υideokɑsetti]
CD, compact disc	CD-levy	[sede leυy]
DVD	DVD-levy	[deυede leυy]

alphabet	aakkoset	[ɑːkkoset]
to spell (vt)	tavata	[tɑυɑtɑ]
pronunciation	ääntäminen	[æːntæminen]

accent	korostus	[korostus]
with an accent	vieraasti korostaen	[υierɑːsti korostɑen]
without an accent	ilman korostusta	[ilmɑn korostustɑ]

| word | sana | [sɑnɑ] |
| meaning | merkitys | [merkitys] |

course (e.g., a French ~)	kurssit	[kurssit]
to sign up	ilmoittautua	[ilmojttɑutuɑ]
teacher	opettaja	[opettɑjɑ]

translation (process)	kääntäminen	[kæːntæminen]
translation (text, etc.)	käännös	[kæːŋøs]
translator	kääntäjä	[kæːntæjæ]
interpreter	tulkki	[tulkki]

| polyglot | monikielinen | [moni kielinen] |
| memory | muisti | [mujsti] |

MEALS. RESTAURANT

T&P Books Publishing

48. Table setting

spoon	**lusikka**	[lusikka]
knife	**veitsi**	[ʋejtsi]
fork	**haarukka**	[hɑːrukkɑ]
cup (e.g., coffee ~)	**kuppi**	[kuppi]
plate (dinner ~)	**lautanen**	[lautanen]
saucer	**teevati**	[teːʋɑti]
napkin (on table)	**lautasliina**	[lautasliːinɑ]
toothpick	**hammastikku**	[hɑmmɑs tikku]

49. Restaurant

restaurant	**ravintola**	[rɑʋintolɑ]
coffee house	**kahvila**	[kɑhʋilɑ]
pub, bar	**baari**	[bɑːri]
tearoom	**teehuone**	[teː huone]
waiter	**tarjoilija**	[tarʰøjlijɑ]
waitress	**tarjoilijatar**	[tarʰøjlijɑtɑr]
bartender	**baarimestari**	[bɑːrimestɑri]
menu	**ruokalista**	[ruokɑ listɑ]
wine list	**viinilista**	[ʋiːini listɑ]
to book a table	**varata pöytä**	[ʋɑrɑtɑ pøytæ]
course, dish	**ruoka**	[ruokɑ]
to order (meal)	**tilata**	[tilɑtɑ]
to make an order	**tilata**	[tilɑtɑ]
aperitif	**aperitiivi**	[ɑperitiːiʋi]
appetizer	**alkupalat**	[ɑlkupɑlɑt]
dessert	**jälkiruoka**	[jælkiruokɑ]
check	**lasku**	[lɑsku]
to pay the check	**maksaa lasku**	[mɑksɑː lɑsku]
to give change	**antaa rahasta takaisin**	[ɑntɑː rɑhɑstɑ tɑkɑjsin]
tip	**juomaraha**	[juomɑrɑhɑ]

50. Meals

food	**ruoka**	[ruokɑ]
to eat (vi, vt)	**syödä**	[syødæ]

breakfast	aamiainen	[ɑːmiɑjnen]
to have breakfast	syödä aamiaista	[syødæ ɑːmiɑjstɑ]
lunch	päivällinen	[pæjuællinen]
to have lunch	syödä päivällistä	[syødæ pæjuællistæ]
dinner	illallinen	[illallinen]
to have dinner	illastaa	[illɑstɑː]

| appetite | ruokahalu | [ruokɑhɑlu] |
| Enjoy your meal! | Hyvää ruokahalua! | [hyuæː ruokɑhɑluɑ] |

to open (~ a bottle)	avata	[ɑuɑtɑ]
to spill (liquid)	kaataa	[kɑːtɑː]
to spill out (vi)	kaatua	[kɑːtuɑ]

to boil (vi)	kiehua	[kiehuɑ]
to boil (vt)	keittää	[kejttæː]
boiled (~ water)	keitetty	[kejtetty]
to chill, cool down (vt)	jäähdyttää	[jæːhdyttæː]
to chill (vi)	jäähtyä	[jæːhtyæ]

| taste, flavor | maku | [mɑku] |
| aftertaste | sivumaku | [siuumɑku] |

to slim down (lose weight)	olla dieetillä	[ollɑ dieːtiʎæ]
diet	dieetti	[dieːti]
vitamin	vitamiini	[uitɑmiːini]
calorie	kalori	[kɑlori]
vegetarian (n)	kasvissyöjä	[kɑsuissyøjæ]
vegetarian (adj)	kasvis-	[kɑsuis]

fats (nutrient)	rasvat	[rɑsuɑt]
proteins	valkuaisaineet	[uɑlku ɑjsɑjneːt]
carbohydrates	hiilihydraatit	[hiːili hydrɑːtit]
slice (of lemon, ham)	viipale	[uiːipɑle]
piece (of cake, pie)	pala	[pɑlɑ]
crumb	muru	[muru]
(of bread, cake, etc.)		

51. Cooked dishes

course, dish	ruoka	[ruokɑ]
cuisine	keittiö	[kejttiø]
recipe	resepti	[resepti]
portion	annos	[ɑŋos]

| salad | salaatti | [sɑlɑːtti] |
| soup | keitto | [kejtto] |

| clear soup (broth) | liemi | [liemi] |
| sandwich (bread) | voileipä | [uoj lejpæ] |

fried eggs	paistettu muna	[pɑjstettu munɑ]
fried meatballs	kotletti	[kotletti]
hamburger (beefburger)	hampurilainen	[hampurilɑjnen]
beefsteak	pihvi	[pihʋi]
stew	paisti	[pɑjsti]

side dish	lisäke	[lisæke]
spaghetti	spagetti	[spɑgetti]
mashed potatoes	perunasose	[perunɑ sose]
pizza	pizza	[pitsɑ]
porridge (oatmeal, etc.)	puuro	[puːro]
omelet	munakas	[munɑkɑs]

boiled (e.g., ~ beef)	keitetty	[kejtetty]
smoked (adj)	savustettu	[sɑʋustettu]
fried (adj)	paistettu	[pɑjstettu]
dried (adj)	kuivattu	[kujʋɑttu]
frozen (adj)	jäädytetty	[jæːdytetty]
pickled (adj)	marinoitu	[mɑrinojtu]

sweet (sugary)	makea	[mɑkeɑ]
salty (adj)	suolainen	[suolɑjnen]
cold (adj)	kylmä	[kylmæ]
hot (adj)	kuuma	[kuːmɑ]
bitter (adj)	karvas	[kɑrʋɑs]
tasty (adj)	maukas	[mɑukɑs]

to cook in boiling water	keittää	[kejttæː]
to cook (dinner)	laittaa ruokaa	[lɑjttɑ ruokɑː]
to fry (vt)	paistaa	[pɑjstɑː]
to heat up (food)	lämmittää	[ʎæmmittæː]

to salt (vt)	suolata	[suolɑtɑ]
to pepper (vt)	pippuroida	[pippurojdɑ]
to grate (vt)	raastaa	[rɑːstɑː]
peel (n)	kuori	[kuori]
to peel (vt)	kuoria	[kuoriɑ]

52. Food

meat	liha	[lihɑ]
chicken	kana	[kɑnɑ]
Rock Cornish hen (poussin)	kananpoika	[kɑnɑn pojkɑ]
duck	ankka	[ɑŋkkɑ]
goose	hanhi	[hɑnhi]
game	riista	[riːistɑ]
turkey	kalkkuna	[kɑlkkunɑ]
pork	sianliha	[siɑn lihɑ]
veal	vasikanliha	[ʋɑsikɑn lihɑ]

lamb	lampaanliha	[lampɑ:n liha]
beef	naudanliha	[naudan liha]
rabbit	kaniini	[kani:ini]
sausage (bologna, pepperoni, etc.)	makkara	[makkara]
vienna sausage (frankfurter)	nakki	[nakki]
bacon	pekoni	[pekoni]
ham	kinkku	[kiŋkku]
gammon	kinkku	[kiŋkku]
pâté	tahna	[tahna]
liver	maksa	[maksa]
lard	silava	[silaʋa]
hamburger (ground beef)	jauheliha	[jauheliha]
tongue	kieli	[kieli]
egg	muna	[muna]
eggs	munat	[munat]
egg white	valkuainen	[ʋalkuajnen]
egg yolk	keltuainen	[keltuajnen]
fish	kala	[kala]
seafood	äyriäiset	[æuriæjset]
caviar	kaviaari	[kaʋia:ri]
crab	kuningasrapu	[kuniŋasrapu]
shrimp	katkarapu	[katkarapu]
oyster	osteri	[osteri]
spiny lobster	langusti	[laŋusti]
octopus	meritursas	[meritursas]
squid	kalmari	[kalmari]
sturgeon	sampi	[sampi]
salmon	lohi	[lohi]
halibut	pallas	[pallas]
cod	turska	[turska]
mackerel	makrilli	[makrilli]
tuna	tonnikala	[toŋikala]
eel	ankerias	[aŋkerias]
trout	lohi	[lohi]
sardine	sardiini	[sardi:ini]
pike	hauki	[hauki]
herring	silli	[silli]
bread	leipä	[lejpæ]
cheese	juusto	[ju:sto]
sugar	sokeri	[sokeri]
salt	suola	[suola]

rice	riisi	[ri:isi]
pasta	makaronit	[makaronit]
noodles	nuudeli	[nu:deli]

butter	voi	[voj]
vegetable oil	kasviöljy	[kasvi ølʰy]
sunflower oil	auringonkukkaöljy	[auriŋon kukka ølʰy]
margarine	margariini	[margari:ini]

| olives | oliivit | [oli:ivit] |
| olive oil | oliiviöljy | [oli:ivi ølʰy] |

milk	maito	[majto]
condensed milk	maitotiiviste	[majto ti:iviste]
yogurt	jogurtti	[øgurtti]
sour cream	hapankerma	[hapan kerma]
cream (of milk)	kerma	[kerma]

| mayonnaise | majoneesi | [maøne:si] |
| buttercream | kreemi | [kre:mi] |

cereal grains (wheat, etc.)	suurimot	[su:rimot]
flour	jauhot	[jauhot]
canned food	säilykkeet	[sæjlykke:t]

cornflakes	maissimurot	[majssi murot]
honey	hunaja	[hunaja]
jam	hillo	[hillo]
chewing gum	purukumi	[purukumi]

53. Drinks

water	vesi	[vesi]
drinking water	juomavesi	[juomavesi]
mineral water	kivennäisvesi	[kivenæjs vesi]

still (adj)	ilman hiilihappoa	[ilman hi:ili happoa]
carbonated (adj)	hiilihappovettä	[hi:ili happovetta]
sparkling (adj)	hiilihappoinen	[hi:ili happojnen]
ice	jää	[jæ:]
with ice	jään kanssa	[jæ:n kanssa]

non-alcoholic (adj)	alkoholiton	[alkoholiton]
soft drink	alkoholiton juoma	[alkoholiton juoma]
refreshing drink	virvoitusjuoma	[virvojtus juoma]
lemonade	limonaati	[limona:ti]

liquors	alkoholijuomat	[alkoholi juomat]
wine	viini	[vi:ini]
white wine	valkoviini	[valko vi:ini]

red wine	punaviini	[puna ʋiːini]
liqueur	likööri	[likøːri]
champagne	samppanja	[samppanʰja]
vermouth	vermutti	[ʋermutti]

whisky	viski	[ʋiski]
vodka	viina	[ʋiːina]
gin	gini	[gini]
cognac	konjakki	[konʰjakki]
rum	rommi	[rommi]

coffee	kahvi	[kahʋi]
black coffee	musta kahvi	[musta kahʋi]
coffee with milk	maitokahvi	[majto kahʋi]
cappuccino	kahvi kerman kera	[kahʋi kerman kera]
instant coffee	murukahvi	[muru kahʋi]

milk	maito	[majto]
cocktail	cocktail	[koktejl]
milkshake	pirtelö	[pirtelø]

juice	mehu	[mehu]
tomato juice	tomaattimehu	[tomaːtti mehu]
orange juice	appelsiinimehu	[appelsiːini mehu]
freshly squeezed juice	tuoremehu	[tuore mehu]

beer	olut	[olut]
light beer	vaalea olut	[ʋaːlea olut]
dark beer	tumma olut	[tumma olut]

tea	tee	[teː]
black tea	musta tee	[musta teː]
green tea	vihreä tee	[ʋihreæ teː]

54. Vegetables

| vegetables | vihannekset | [ʋihaŋekset] |
| greens | kasvikset | [kasʋikset] |

tomato	tomaatti	[tomaːtti]
cucumber	kurkku	[kurkku]
carrot	porkkana	[porkkana]
potato	peruna	[peruna]
onion	sipuli	[sipuli]
garlic	valkosipuli	[ʋalko sipuli]

cabbage	kaali	[kaːli]
cauliflower	kukkakaali	[kukkakaːli]
Brussels sprouts	brysselinkaali	[brysseliŋkaːli]
broccoli	brokkolikaali	[brokkoli kaːli]

beetroot	punajuuri	[punɑju:ri]
eggplant	munakoiso	[munɑkojso]
zucchini	kesäkurpitsa	[kesækurpitsɑ]
pumpkin	kurpitsa	[kurpitsɑ]
turnip	nauris	[nɑuris]

parsley	persilja	[persilʰæ]
dill	tilli	[tilli]
lettuce	salaatti	[sɑlɑ:tti]
celery	selleri	[selleri]
asparagus	parsa	[pɑrsɑ]
spinach	pinaatti	[pinɑ:tti]

pea	herne	[herne]
beans	pavut	[pɑʋut]
corn (maize)	maissi	[mɑjssi]
kidney bean	pavut	[pɑʋut]

bell pepper	paprika	[pɑprikɑ]
radish	retiisi	[reti:isi]
artichoke	artisokka	[ɑrtisokkɑ]

55. Fruits. Nuts

fruit	hedelmä	[hedelmæ]
apple	omena	[omenɑ]
pear	päärynä	[pæ:ryɲæ]
lemon	sitruuna	[sitru:nɑ]
orange	appelsiini	[ɑppelsi:ini]
strawberry	mansikka	[mɑnsikkɑ]

mandarin	mandariini	[mɑndɑri:ini]
plum	luumu	[lu:mu]
peach	persikka	[persikkɑ]
apricot	aprikoosi	[ɑpriko:si]
raspberry	vadelma	[ʋɑdelmɑ]
pineapple	ananas	[ɑnɑnɑs]

banana	banaani	[bɑnɑ:ni]
watermelon	vesimeloni	[ʋesi meloni]
grape	viinirypäleet	[ʋi:inirypæle:t]
sour cherry	hapankirsikka	[hɑpɑn kirsikkɑ]
sweet cherry	linnunkirsikka	[liɲun kirsikkɑ]
melon	meloni	[meloni]

grapefruit	greippi	[grejppi]
avocado	avokado	[ɑʋokɑdo]
papaya	papaija	[pɑpɑijɑ]
mango	mango	[mɑɲo]
pomegranate	granaattiomena	[grɑnɑ:tti omenɑ]

redcurrant	punaherukka	[punaherukka]
blackcurrant	mustaherukka	[mustaherukka]
gooseberry	karviaiset	[karviajset]
bilberry	mustikka	[mustikka]
blackberry	vatukka	[vatukka]

raisin	rusinat	[rusinat]
fig	viikuna	[viːikuna]
date	taateli	[taːteli]

peanut	maapähkinä	[maːpæhkiɲæ]
almond	manteli	[manteli]
walnut	saksanpähkinä	[saksan pæhkiɲæ]
hazelnut	hasselpähkinä	[hassel pæhkiɲæ]
coconut	kookospähkinä	[koːkos pæhkiɲæ]
pistachios	pistaasi	[pistaːsi]

56. Bread. Candy

bakers' confectionery (pastry)	makeiset	[makejs et]
bread	leipä	[lejpæ]
cookies	keksit	[keksit]

chocolate (n)	suklaa	[suklaː]
chocolate (as adj)	suklaa-	[suklaː]
candy	karamelli	[karamelli]
cake (e.g., cupcake)	leivos	[lejʋos]
cake (e.g., birthday ~)	kakku	[kakku]

| pie (e.g., apple ~) | piirakka | [piːirakka] |
| filling (for cake, pie) | täyte | [tæyte] |

whole fruit jam	hillo	[hillo]
marmalade	marmeladi	[marmeladi]
waffles	vohvelit	[ʋohʋelit]
ice-cream	jäätelö	[jæːtelø]

57. Spices

salt	suola	[suola]
salty (adj)	suolainen	[suolajnen]
to salt (vt)	suolata	[suolata]

black pepper	musta pippuri	[musta pippuri]
red pepper (milled ~)	kuuma pippuri	[kuːma pippuri]
mustard	sinappi	[sinappi]
horseradish	piparjuuri	[piparʰjuːri]

condiment	höyste	[høyste]
spice	mauste	[mauste]
sauce	kastike	[kastike]
vinegar	etikka	[etikka]

anise	anis	[anis]
basil	basilika	[basilika]
cloves	neilikka	[nejlikka]
ginger	inkivääri	[iŋkiʊæːri]
coriander	korianteri	[korianteri]
cinnamon	kaneli	[kaneli]

sesame	seesami	[seːsami]
bay leaf	laakerinlehti	[laːkerin lehti]
paprika	paprika	[paprika]
caraway	kumina	[kumina]
saffron	sahrami	[sahrami]

PERSONAL
INFORMATION. FAMILY

T&P Books Publishing

58. Personal information. Forms

name (first name)	**nimi**	[nimi]
surname (last name)	**sukunimi**	[sukunimi]
date of birth	**syntymäpäivä**	[syntymæ pæjʋæ]
place of birth	**syntymäpaikka**	[syntymæ pɑjkkɑ]
nationality	**kansallisuus**	[kɑnsɑllisu:s]
place of residence	**asuinpaikka**	[ɑsujnpɑjkkɑ]
country	**maa**	[mɑ:]
profession (occupation)	**ammatti**	[ɑmmɑtti]
gender, sex	**sukupuoli**	[sukupuoli]
height	**pituus**	[pitu:s]
weight	**paino**	[pɑjno]

59. Family members. Relatives

mother	**äiti**	[æjti]
father	**isä**	[isæ]
son	**poika**	[pojkɑ]
daughter	**tytär**	[tytær]
younger daughter	**nuorempi tytär**	[nuorempi tytær]
younger son	**nuorempi poika**	[nuorempi pojkɑ]
eldest daughter	**vanhempi tytär**	[ʋanhempi tytær]
eldest son	**vanhempi poika**	[ʋanhempi pojkɑ]
brother	**veli**	[ʋeli]
sister	**sisar**	[sisɑr]
cousin (masc.)	**serkku**	[serkku]
cousin (fem.)	**serkku**	[serkku]
mom, mommy	**äiti**	[æjti]
dad, daddy	**isä**	[isæ]
parents	**vanhemmat**	[ʋanhemmɑt]
child	**lapsi**	[lɑpsi]
children	**lapset**	[lɑpset]
grandmother	**isoäiti**	[isoæjti]
grandfather	**isoisä**	[isoisæ]
grandson	**lapsenlapsi**	[lɑpsenlapsi]
granddaughter	**lapsenlapsi**	[lɑpsenlapsi]
grandchildren	**lastenlapset**	[lɑsten lapset]

uncle	setä	[setæ]
aunt	täti	[tæti]
nephew	veljenpoika	[ʋeʎæn pojka]
niece	sisarenpoika	[sisɑren pojka]

mother-in-law (wife's mother)	anoppi	[ɑnoppi]
father-in-law (husband's father)	appi	[ɑppi]
son-in-law (daughter's husband)	vävy	[ʋæʋy]
stepmother	äitipuoli	[æjtipuoli]
stepfather	isäpuoli	[isæpuoli]

infant	rintalapsi	[rintalapsi]
baby (infant)	vauva	[ʋɑuʋɑ]
little boy, kid	pienokainen	[pienokajnen]

wife	vaimo	[ʋɑjmo]
husband	mies	[mies]
spouse (husband)	aviomies	[ɑʋiomies]
spouse (wife)	aviovaimo	[ɑʋioʋɑjmo]

married (masc.)	naimisissa oleva	[najmisissɑ oleʋɑ]
married (fem.)	naimisissa oleva	[najmisissɑ oleʋɑ]
single (unmarried)	naimaton	[najmaton]
bachelor	poikamies	[pojkamies]
divorced (masc.)	eronnut	[eroɳut]
widow	leski	[leski]
widower	leski	[leski]

relative	sukulainen	[sukulɑjnen]
close relative	lähisukulainen	[ʎæhi sukulɑjnen]
distant relative	kaukainen sukulainen	[kaukajnen sukulɑjnen]
relatives	omanlaiset	[omanlɑjset]

orphan (boy or girl)	orpo	[orpo]
guardian (of minor)	holhooja	[holho:ja]
to adopt (a boy)	ottaa pojaksi	[otta: pojaksi]
to adopt (a girl)	ottaa tyttäreksi	[otta: tyttæreksi]

60. Friends. Coworkers

friend (masc.)	ystävä	[ystæʋæ]
friend (fem.)	ystävätär	[ystæʋætær]
friendship	ystävyys	[ystæʋy:s]
to be friends	olla ystäviä keskenään	[olla ystæʋiæ keskenæ:n]

| buddy (masc.) | kaveri | [kaʋeri] |
| buddy (fem.) | kaveri | [kaʋeri] |

partner	**partneri**	[partneri]
chief (boss)	**esimies**	[esimies]
superior (n)	**päällikkö**	[pæ:likkø]
subordinate (n)	**alainen**	[alajnen]
colleague	**virkatoveri**	[ʋirka toʋeri]
acquaintance (person)	**tuttava**	[tuttaʋa]
fellow traveler	**matkakumppani**	[matka kumppani]
classmate	**luokkatoveri**	[luokka toʋeri]
neighbor (masc.)	**naapuri**	[na:puri]
neighbor (fem.)	**naapuri**	[na:puri]
neighbors	**naapurit**	[na:purit]

HUMAN BODY. MEDICINE

T&P Books Publishing

61. Head

head	pää	[pæ:]
face	kasvot	[kasʋot]
nose	nenä	[neɲæ]
mouth	suu	[su:]
eye	silmä	[silmæ]
eyes	silmät	[silmæt]
pupil	silmäterä	[silmæteræ]
eyebrow	kulmakarva	[kulmɑkɑrʋɑ]
eyelash	ripsi	[ripsi]
eyelid	silmäluomi	[silmæluomi]
tongue	kieli	[kieli]
tooth	hammas	[hɑmmɑs]
lips	huulet	[hu:let]
cheekbones	poskipäät	[poski:pæ:t]
gum	ien	[ien]
palate	kitalaki	[kitɑlɑki]
nostrils	sieraimet	[sierɑjmet]
chin	leuka	[leukɑ]
jaw	leukaluu	[leukɑlu:]
cheek	poski	[poski]
forehead	otsa	[otsɑ]
temple	ohimo	[ohimo]
ear	korva	[korʋɑ]
back of the head	niska	[niskɑ]
neck	kaula	[kɑulɑ]
throat	kurkku	[kurkku]
hair	hiukset	[hiukset]
hairstyle	kampaus	[kɑmpɑus]
haircut	kampaus	[kɑmpɑus]
wig	tekotukka	[teko tukkɑ]
mustache	viikset	[ʋi:ikset]
beard	parta	[pɑrtɑ]
to have (a beard, etc.)	hänellä on parta	[hæneʎæ on pɑrtɑ]
braid	letti	[letti]
sideburns	poskiparta	[poskipɑrtɑ]
red-haired (adj)	punatukkainen	[punɑ tukkɑjnen]
gray (hair)	harmaatukkainen	[hɑrmɑ:tukkɑjnen]

| bald (adj) | kaljupäinen | [kalʰjupæjnen] |
| bald patch | kalju | [kalʰju] |

| ponytail | poninhäntä | [poninhæntæ] |
| bangs | otsatukka | [otsatukka] |

62. Human body

| hand | käsi | [kæsi] |
| arm | käsivarsi | [kæsiuarssi] |

| toe | varvas | [uaruas] |
| thumb | peukalo | [peukalo] |

| little finger | pikkusormi | [pikkusormi] |
| nail | kynsi | [kynsi] |

fist	nyrkki	[nyrkki]
palm	kämmen	[kæmmen]
wrist	ranne	[raŋe]
forearm	kyynärvarsi	[ky:ŋæruarsi]

| elbow | kyynärpää | [ky:ŋærpæ:] |
| shoulder | hartia | [hartia] |

leg	jalka	[jalka]
foot	jalkaterä	[jalkateræ]
knee	polvi	[polui]
calf (part of leg)	pohje	[pohʰje]

| hip | reisi | [rejsi] |
| heel | kantapää | [kantapæ:] |

body	vartalo	[uartalo]
stomach	maha	[maha]
chest	rinta	[rinta]
breast	povi	[poui]
flank	kylki	[kylki]
back	selkä	[selkæ]

| lower back | ristiselkä | [ristiselkæ] |
| waist | vyötärö | [uyøtærø] |

navel (belly button)	napa	[napa]
buttocks	pakarat	[pakarat]
bottom	takapuoli	[takapuoli]

beauty mark	luomi	[luomi]
tattoo	tatuointi	[tatuojnti]
scar	arpi	[arpi]

63. Diseases

sickness	**sairaus**	[sɑjrɑus]
to be sick	**sairastaa**	[sɑjrɑstɑ:]
health	**terveys**	[terʋeys]

runny nose (coryza)	**nuha**	[nuhɑ]
tonsillitis	**angiina**	[ɑŋi:inɑ]
cold (illness)	**vilustus**	[ʋilustus]
to catch a cold	**vilustua**	[ʋilustuɑ]

bronchitis	**keuhkokatarri**	[keuhko kɑtɑrri]
pneumonia	**keuhkotulehdus**	[keuhko tulehdus]
flu, influenza	**influenssa**	[influenssɑ]

nearsighted (adj)	**likinäköinen**	[likiɲækøjnen]
farsighted (adj)	**pitkänäköinen**	[pitkæɲækøjnen]
strabismus (crossed eyes)	**kierosilmäisyys**	[kiero silmæjsy:s]
cross-eyed (adj)	**kiero**	[kiero]
cataract	**harmaakaihi**	[hɑrmɑ:kɑjhi]
glaucoma	**silmänpainetauti**	[silmæn pɑjne tɑuti]

stroke	**insultti**	[insultti]
heart attack	**infarkti**	[infɑrkti]
myocardial infarction	**sydäninfarkti**	[sydæn infɑrkti]
paralysis	**halvaus**	[hɑlʋɑus]
to paralyze (vt)	**halvauttaa**	[hɑlʋɑuttɑ:]

allergy	**allergia**	[ɑllergi:ɑ]
asthma	**astma**	[ɑstmɑ]
diabetes	**sokeritauti**	[sokeritɑuti]

toothache	**hammassärky**	[hɑmmɑs særky]
caries	**hammasmätä**	[hɑmmɑs mætæ]

diarrhea	**ripuli**	[ripuli]
constipation	**ummetus**	[ummetus]
stomach upset	**vatsavaiva**	[ʋɑtsɑʋɑjʋɑ]
food poisoning	**myrkytys**	[myrkytys]
to get food poisoning	**saada myrkytys**	[sɑ:dɑ myrkytys]

arthritis	**niveltulehdus**	[niʋeltulehdus]
rickets	**riisitauti**	[ri:isitɑti]
rheumatism	**reuma**	[reumɑ]
atherosclerosis	**aeroskleroosi**	[ɑterosklero:si]

gastritis	**mahakatarri**	[mɑhɑkɑtɑrri]
appendicitis	**umpilisäketulehdus**	[umpilisæke tulehdus]
cholecystitis	**sappirakon tulehdus**	[sɑppirɑkon tulehdus]
ulcer	**haava**	[hɑ:ʋɑ]
measles	**tuhkarokko**	[tuhkɑrokko]

rubella (German measles)	vihurirokko	[ʋihurirokko]
jaundice	keltatauti	[keltɑtɑuti]
hepatitis	hepatiitti	[hepɑti:itti]

schizophrenia	jakomielisyys	[jɑkomielisy:s]
rabies (hydrophobia)	raivotauti	[rɑjʋotɑuti]
neurosis	neuroosi	[neuro:si]
concussion	aivotärähdys	[ɑjʋotæræhdys]

cancer	syöpä	[syøpæ]
sclerosis	skleroosi	[sklero:si]
multiple sclerosis	hajaskleroosi	[hɑjɑsklero:si]

alcoholism	alkoholismi	[ɑlkoholismi]
alcoholic (n)	alkoholisti	[ɑlkoholisti]
syphilis	kuppa	[kuppɑ]
AIDS	AIDS	[ɑjds]

tumor	kasvain	[kɑsʋɑjn]
malignant (adj)	pahanlaatuinen	[pɑhɑn lɑ:jtunen]
benign (adj)	hyvänlaatuinen	[hyʋænlɑ:tunen]

fever	kuume	[ku:me]
malaria	malaria	[mɑlɑriɑ]
gangrene	kuolio	[kuolio]
seasickness	merisairaus	[merisɑjrɑus]
epilepsy	epilepsia	[epilepsiɑ]

epidemic	epidemia	[epidemiɑ]
typhus	lavantauti	[lɑʋɑntɑuti]
tuberculosis	tuberkuloosi	[tuberkulo:si]
cholera	kolera	[kolerɑ]
plague (bubonic ~)	rutto	[rutto]

64. Symptoms. Treatments. Part 1

symptom	oire	[ojre]
temperature	kuume	[ku:me]
high temperature (fever)	korkea kuume	[korkeɑ ku:me]
pulse	syke	[syke]

dizziness (vertigo)	pyörrytys	[pyørrytys]
hot (adj)	kuuma	[ku:mɑ]
shivering	vilunväristys	[ʋilun ʋæristys]
pale (e.g., ~ face)	kalpea	[kɑlpeɑ]

cough	yskä	[yskæ]
to cough (vi)	yskiä	[yskiæ]
to sneeze (vi)	aivastella	[ɑjʋɑstellɑ]
faint	pyörtyminen	[pyørtyminen]

to faint (vi)	pyörtyä	[pyørtyæ]
bruise (hématome)	mustelma	[mustelma]
bump (lump)	kuhmu	[kuhmu]
to bang (bump)	törmätä	[tørmætæ]
contusion (bruise)	vamma	[ʋamma]
to get a bruise	loukkaantua	[loukkaːntua]

to limp (vi)	ontua	[ontua]
dislocation	niukahdus	[niukahdus]
to dislocate (vt)	niukahtaa	[niukahtaː]
fracture	murtuma	[murtuma]
to have a fracture	saada murtuma	[saːda murtuma]

cut (e.g., paper ~)	leikkaushaava	[lejkkaus haːʋa]
to cut oneself	saada haava	[saːda haːʋa
	leikkaamalla	lejkkaːmalla]
bleeding	verenvuoto	[ʋerenʋuoto]

burn (injury)	palohaava	[paloha:ʋa]
to get burned	polttaa itse	[poltta: itse]

to prick (vt)	pistää	[pistæ:]
to prick oneself	pistää itseä	[pistæ: itseæ]
to injure (vt)	vahingoittaa	[ʋahiŋojtta:]
injury	vaurio	[ʋaurio]
wound	haava	[ha:ʋa]
trauma	vamma	[ʋamma]

to be delirious	hourailla	[hourajlla]
to stutter (vi)	änkyttää	[æŋkyttæ:]
sunstroke	auringonpistos	[auriŋon pistos]

65. Symptoms. Treatments. Part 2

pain	kipu	[kipu]
splinter (in foot, etc.)	tikku	[tikku]

sweat (perspiration)	hiki	[hiki]
to sweat (perspire)	hikoilla	[hikojlla]
vomiting	oksennus	[okseŋus]
convulsions	kouristukset	[kouristukset]

pregnant (adj)	raskaana oleva	[raska:na oleʋa]
to be born	syntyä	[syntyæ]
delivery, labor	synnytys	[syŋytys]
to deliver (~ a baby)	synnyttää	[syŋyttæ:]
abortion	raskaudenkeskeytys	[raskauden keskeytys]

breathing, respiration	hengitys	[heŋitys]
in-breath (inhalation)	sisäänhengitys	[sisæ:n heŋitys]

out-breath (exhalation)	uloshengitys	[ulosheŋitys]
to exhale (breathe out)	hengittää ulos	[heŋittæ: ulos]
to inhale (vi)	vetää henkeä	[ʋetæ: heŋkeæ]

disabled person	invalidi	[inʋalidi]
cripple	raajarikko	[ra:jarikko]
drug addict	narkomaani	[narkoma:ni]

deaf (adj)	kuuro	[ku:ro]
mute (adj)	mykkä	[mykkæ]
deaf mute (adj)	kuuromykkä	[ku:ro mykkæ]

mad, insane (adj)	mielenvikainen	[mielen ʋikajnen]
madman (demented person)	hullu	[hullu]
madwoman	hullu	[hullu]
to go insane	tulla hulluksi	[tulla hulluksi]

gene	geeni	[ge:ni]
immunity	immuniteetti	[immunite:tti]
hereditary (adj)	perintö-	[perintø]
congenital (adj)	synnynnäinen	[syŋyŋæjnen]

virus	virus	[ʋirus]
microbe	mikrobi	[mikrobi]
bacterium	bakteeri	[bakte:ri]
infection	tartunta	[tartunta]

66. Symptoms. Treatments. Part 3

| hospital | sairaala | [sajra:la] |
| patient | potilas | [potilas] |

diagnosis	diagnoosi	[diagno:si]
cure	lääkintä	[læ:kintæ]
medical treatment	hoito	[hojto]
to get treatment	saada hoitoa	[sa:da hojtoa]
to treat (~ a patient)	hoitaa	[hojta:]
to nurse (look after)	hoitaa	[hojta:]
care (nursing ~)	hoito	[hojto]

operation, surgery	leikkaus	[lejkkaus]
to bandage (head, limb)	sitoa	[sitoa]
bandaging	sidonta	[sidonta]

vaccination	rokotus	[rokotus]
to vaccinate (vt)	rokottaa	[rokotta:]
injection, shot	pisto	[pisto]
to give an injection	tehdä pisto	[tehdæ pisto]
attack	kohtaus	[kohtaus]

amputation	amputaatio	[amputɑ:tio]
to amputate (vt)	amputoida	[amputojdɑ]
coma	kooma	[ko:mɑ]
to be in a coma	olla koomassa	[ollɑ ko:mɑssɑ]
intensive care	hoitokoti	[hojtokoti]

to recover (~ from flu)	parantua	[pɑrɑntuɑ]
condition (patient's ~)	terveydentila	[terʋeyden tilɑ]
consciousness	tajunta	[tɑjuntɑ]
memory (faculty)	muisti	[mujsti]

to pull out (tooth)	poistaa	[pojstɑ:]
filling	täyte	[tæyte]
to fill (a tooth)	paikata	[pɑjkɑtɑ]

hypnosis	hypnoosi	[hypno:si]
to hypnotize (vt)	hypnotisoida	[hypnotisojdɑ]

67. Medicine. Drugs. Accessories

medicine, drug	lääke	[læ:ke]
remedy	lääke	[læ:ke]
prescription	resepti	[resepti]

tablet, pill	tabletti	[tɑbletti]
ointment	voide	[ʋojde]
ampule	ampulli	[ɑmpulli]
mixture	mikstuura	[mikstu:rɑ]
syrup	siirappi	[si:irɑppi]
pill	pilleri	[pilleri]
powder	jauhe	[jɑuhe]

gauze bandage	side	[side]
cotton wool	vanu	[ʋɑnu]
iodine	jodi	[ødi]

Band-Aid	laastari	[lɑ:stɑri]
eyedropper	pipetti	[pipetti]

thermometer	kuumemittari	[ku:me mittɑri]
syringe	ruisku	[rujsku]

wheelchair	pyörätuoli	[pyøræ tuoli]
crutches	kainalosauvat	[kɑjnɑlo sɑuʋɑt]

painkiller	puudutusaine	[pu:dutus ɑjne]
laxative	ulostuslääke	[ulostuslæ:ke]
spirits (ethanol)	sprii	[spri:i]
medicinal herbs	yrtti	[yrtti]
herbal (~ tea)	yrtti-	[yrtti]

APARTMENT

T&P Books Publishing

68. Apartment

apartment	asunto	[asunto]
room	huone	[huone]
bedroom	makuuhuone	[maku: huone]
dining room	ruokailuhuone	[ruokajlu huone]
living room	vierashuone	[vieras huone]
study (home office)	työhuone	[tyøhuone]

entry room	eteinen	[etejnen]
bathroom (room with a bath or shower)	kylpyhuone	[kylpyhuone]
half bath	vessa	[vessa]

ceiling	katto	[katto]
floor	lattia	[lattia]
corner	nurkka	[nurkka]

69. Furniture. Interior

furniture	huonekalut	[huonekalut]
table	pöytä	[pøytæ]
chair	tuoli	[tuoli]
bed	sänky	[sæŋky]
couch, sofa	sohva	[sohva]
armchair	nojatuoli	[nojatuoli]

bookcase	kaappi	[ka:ppi]
shelf	hylly	[hylly]
shelving unit	hyllykkö	[hyllykkø]

wardrobe	vaatekaappi	[va:te ka:ppi]
coat rack (wall-mounted ~)	ripustin	[ripustin]
coat stand	naulakko	[naulakko]

bureau, dresser	lipasto	[lipasto]
coffee table	sohvapöytä	[sohvapøjtæ]

mirror	peili	[pejli]
carpet	matto	[matto]
rug, small carpet	pieni matto	[pjeni matto]

fireplace	takka	[takka]
candle	kynttilä	[kynttiʎæ]

candlestick	kynttilänjalka	[kynttiʎænjalka]
drapes	kaihtimet	[kajhtimet]
wallpaper	tapetit	[tapetit]
blinds (jalousie)	rullaverhot	[rulle ʋerhot]

table lamp	pöytälamppu	[pøytæ lamppu]
wall lamp (sconce)	seinävalaisin	[sejna ʋalajsin]
floor lamp	lattialamppu	[lattia lamppu]
chandelier	kattokruunu	[kattokru:nu]

leg (of chair, table)	jalka	[jalka]
armrest	käsinoja	[kæsinoja]
back (backrest)	selkänoja	[selkænoja]
drawer	laatikko	[la:tikko]

70. Bedding

bedclothes	vuodevaatteet	[ʋuodeʋa:tte:t]
pillow	tyyny	[ty:ny]
pillowcase	tyynyliina	[ty:ny li:ina]
duvet, comforter	vuodepeite	[ʋuodepejte]
sheet	lakana	[lakana]
bedspread	peite	[pejte]

71. Kitchen

kitchen	keittiö	[kejttiø]
gas	kaasu	[ka:su]
gas stove (range)	kaasuliesi	[ka:su liesi]
electric stove	sähköhella	[sæhkø hella]
oven	paistinuuni	[pajstinu:ni]
microwave oven	mikroaaltouuni	[mikro a:lto u:ni]

refrigerator	jääkaappi	[jæ:ka:ppi]
freezer	pakastin	[pakastin]
dishwasher	astianpesukone	[astianpesukone]

meat grinder	lihamylly	[lihamylly]
juicer	mehunpuristin	[mehun puristin]
toaster	leivänpaahdin	[lejʋæn pa:hdin]
mixer	sekoitin	[sekojtin]

coffee machine	kahvinkeitin	[kahʋiŋkejtin]
coffee pot	kahvipannu	[kahʋipaŋu]
coffee grinder	kahvimylly	[kahʋimylly]

| kettle | teepannu | [te:paŋu] |
| teapot | teekannu | [te:kaŋu] |

| lid | kansi | [kɑnsi] |
| tea strainer | teesiivilä | [te:si:iʋiʌæ] |

spoon	lusikka	[lusikkɑ]
teaspoon	teelusikka	[te: lusikkɑ]
soup spoon	ruokalusikka	[ruokɑ lusikkɑ]
fork	haarukka	[hɑ:rukkɑ]
knife	veitsi	[ʋejtsi]

tableware (dishes)	astiat	[ɑstiɑt]
plate (dinner ~)	lautanen	[lautanen]
saucer	teevati	[te:ʋɑti]

shot glass	pikari	[pikɑri]
glass (tumbler)	lasi	[lɑsi]
cup	kuppi	[kuppi]

sugar bowl	sokeriastia	[sokeriɑstiɑ]
salt shaker	suola-astia	[suolɑ ɑstiɑ]
pepper shaker	pippuriastia	[pippuriɑstiɑ]
butter dish	voiastia	[ʋojɑstiɑ]

stock pot (soup pot)	kasari	[kɑsɑri]
frying pan (skillet)	pannu	[pɑɲu]
ladle	liemikauha	[liemikauha]
colander	lävikkö	[ʌæʋikkø]
tray (serving ~)	tarjotin	[tarʰøtin]

bottle	pullo	[pullo]
jar (glass)	lasitölkki	[lɑsitølkki]
can	peltitölkki	[peltitølkki]

bottle opener	pullonavaaja	[pullonɑʋɑ:jæ]
can opener	purkinavaaja	[purkinɑʋɑ:jæ]
corkscrew	korkkiruuvi	[korkkiru:ʋi]
filter	suodatin	[suodatin]
to filter (vt)	suodattaa	[suodattɑ:]

| trash, garbage (food waste, etc.) | jätteet | [jætte:t] |
| trash can (kitchen ~) | roskasanko | [roskasaŋko] |

72. Bathroom

bathroom	kylpyhuone	[kylpyhuone]
water	vesi	[ʋesi]
faucet	hana	[hɑnɑ]
hot water	kuuma vesi	[ku:mɑ ʋesi]
cold water	kylmä vesi	[kylmæ ʋesi]
toothpaste	hammastahna	[hɑmmɑs tɑhnɑ]

to brush one's teeth	harjata hampaita	[harⁿjata hampajta]
to shave (vi)	ajaa parta	[aja: parta:]
shaving foam	partavaahdoke	[partaʋa:hdoke]
razor	partaveitsi	[partaʋejtsi]

to wash (one's hands, etc.)	pestä	[pestæ]
to take a bath	peseytyä	[peseytyæ]
shower	suihku	[sujhku]
to take a shower	käydä suihkussa	[kæydæ suihkussa]

bathtub	amme	[amme]
toilet (toilet bowl)	vessanpönttö	[ʋessanpønttø]
sink (washbasin)	pesuallas	[pesuallas]

soap	saippua	[sajppua]
soap dish	saippuakotelo	[sajppua kotelo]

sponge	pesusieni	[pesusieni]
shampoo	sampoo	[sampo:]
towel	pyyhe	[py:he]
bathrobe	froteinen aamutakki	[frotejnen a:mutakki]

laundry (process)	pyykin pesu	[py:kin pesu]
washing machine	pesukone	[pesu kone]
to do the laundry	pestä pyykkiä	[pestæ py:kkiæ]
laundry detergent	pesujauhe	[pesujauhe]

73. Household appliances

TV set	televisio	[teleʋisio]
tape recorder	nauhuri	[nauhuri]
VCR (video recorder)	videonauhuri	[ʋideonauhuri]
radio	vastaanotin	[ʋasta:notin]
player (CD, MP3, etc.)	korvalappustereot	[korʋalappustereot]

video projector	videoheitin	[ʋideohejtin]
home movie theater	kotiteatteri	[kotiteatteri]
DVD player	DVD-soitin	[deʋede sojtin]
amplifier	vahvistin	[ʋahʋistin]
video game console	pelikonsoli	[pelikonsoli]

video camera	videokamera	[ʋideokamera]
camera (photo)	kamera	[kamera]
digital camera	digitaalikamera	[digita:li kamera]

vacuum cleaner	pölynimuri	[pølynimuri]
iron (e.g., steam ~)	silitysrauta	[silitys rauta]
ironing board	silityslauta	[silitys lauta]
telephone	puhelin	[puhelin]
mobile phone	matkapuhelin	[matka puhelin]

typewriter	**kirjoituskone**	[kirʰøjtus kone]
sewing machine	**ompelukone**	[ompelu kone]
microphone	**mikrofoni**	[mikrofoni]
headphones	**kuulokkeet**	[ku:lokke:t]
remote control (TV)	**kaukosäädin**	[kaukosæ:din]
CD, compact disc	**CD-levy**	[sede leʊy]
cassette	**kasetti**	[kasetti]
vinyl record	**levy**	[leʊy]

THE EARTH. WEATHER

T&P Books Publishing

74. Outer space

space	**avaruus**	[ɑʋɑruːs]
space (as adj)	**avaruus-**	[ɑʋɑruːs]
outer space	**avaruus**	[ɑʋɑruːs]
world	**maailma**	[mɑːilmɑ]
universe	**maailmankaikkeus**	[mɑːilmɑn kɑjkkeus]
galaxy	**galaksi**	[gɑlɑksi]
star	**tähti**	[tæhti]
constellation	**tähtikuvio**	[tæhtikuʋio]
planet	**planeetta**	[plɑneːttɑ]
satellite	**satelliitti**	[sɑtelliːitti]
meteorite	**meteoriitti**	[meteoriːitti]
comet	**pyrstötähti**	[pyrstøtæhti]
asteroid	**asteroidi**	[ɑsterojdi]
orbit	**kiertorata**	[kiertorɑtɑ]
to revolve	**kiertää**	[kærtæː]
(~ around the Earth)		
atmosphere	**ilmakehä**	[ilmɑkeɦæ]
the Sun	**Aurinko**	[ɑuriŋko]
solar system	**Aurinkokunta**	[ɑuriŋko kuntɑ]
solar eclipse	**auringonpimennys**	[ɑuriŋon pimeŋys]
the Earth	**Maa**	[mɑː]
the Moon	**Kuu**	[kuː]
Mars	**Mars**	[mɑrs]
Venus	**Venus**	[ʋenus]
Jupiter	**Jupiter**	[jupiter]
Saturn	**Saturnus**	[sɑturnus]
Mercury	**Merkurius**	[merkurius]
Uranus	**Uranus**	[urɑnus]
Neptune	**Neptunus**	[neptunus]
Pluto	**Pluto**	[pluto]
Milky Way	**Linnunrata**	[liŋunrɑtɑ]
Great Bear (Ursa Major)	**Otava**	[otɑʋɑ]
North Star	**Pohjantähti**	[pohʰjɑntæhti]
Martian	**marsilainen**	[mɑrsilɑjnen]
extraterrestrial (n)	**avaruusolio**	[ɑʋɑruːsoʎio]

alien	humanoidi	[humanojdi]
flying saucer	lentävä lautanen	[lentæʋæ lautanen]
spaceship	avaruusalus	[aʋaru:salus]
space station	avaruusasema	[aʋaru:sasema]
blast-off	startti	[startti]
engine	moottori	[mo:ttori]
nozzle	suutin	[su:tin]
fuel	polttoaine	[polttoajne]
cockpit, flight deck	hytti	[hytti]
antenna	antenni	[anteɲi]
porthole	ikkuna	[ikkuna]
solar panel	aurinkokennosto	[auriŋkokeɲosto]
spacesuit	avaruuspuku	[aʋaru:spuku]
weightlessness	painottomuus	[pajnottomu:s]
oxygen	happi	[happi]
docking (in space)	telakointi	[telakojnti]
to dock (vi, vt)	tehdä telakointi	[tehdæ telakojnti]
observatory	observatorio	[obserʋatorio]
telescope	teleskooppi	[telesko:ppi]
to observe (vt)	seurata	[seurata]
to explore (vt)	tutkia	[tutkia]

75. The Earth

the Earth	Maa	[ma:]
the globe (the Earth)	maapallo	[ma:pallo]
planet	planeetta	[plane:tta]
atmosphere	ilmakehä	[ilmakeɦæ]
geography	maantiede	[ma:ntiede]
nature	luonto	[luonto]
globe (table ~)	karttapallo	[karttapallo]
map	kartta	[kartta]
atlas	atlas	[atlas]
Europe	Eurooppa	[euro:ppa]
Asia	Aasia	[a:sia]
Africa	Afrikka	[afrikka]
Australia	Australia	[australia]
America	Amerikka	[amerikka]
North America	Pohjois-Amerikka	[pohʰøjs amerikka]
South America	Etelä-Amerikka	[eteʎæ amerikka]

| Antarctica | Etelämanner | [eteʌæmɑŋer] |
| the Arctic | Arktis | [ɑrktis] |

76. Cardinal directions

north	pohjola	[pohʰølɑ]
to the north	pohjoiseen	[pohʰøjse:n]
in the north	pohjoisessa	[pohʰøjsessɑ]
northern (adj)	pohjoinen	[pohʰøjnen]

south	etelä	[eteʌæ]
to the south	etelään	[etelæ:n]
in the south	etelässä	[eteʌæssæ]
southern (adj)	eteläinen	[eteʌæjnen]

west	länsi	[ʌænsi]
to the west	länteen	[ʌænte:n]
in the west	lännessä	[ʌæŋessæ]
western (adj)	läntinen	[ʌæntinen]

east	itä	[itæ]
to the east	itään	[itæ:n]
in the east	idässä	[idæssæ]
eastern (adj)	itäinen	[itæjnen]

77. Sea. Ocean

sea	meri	[meri]
ocean	valtameri	[ʋɑltɑmeri]
gulf (bay)	lahti	[lɑhti]
straits	salmi	[sɑlmi]

land (solid ground)	maa	[mɑ:]
continent (mainland)	manner	[mɑŋer]
island	saari	[sɑ:ri]
peninsula	niemimaa	[niemimɑ:]
archipelago	saaristo	[sɑ:risto]

bay, cove	poukama	[poukɑmɑ]
harbor	satama	[sɑtɑmɑ]
lagoon	laguuni	[lɑgu:ni]
cape	niemi	[niemi]

atoll	atolli	[ɑtolli]
reef	riutta	[riuttɑ]
coral	koralli	[korɑlli]
coral reef	koralliriutta	[korɑlli riuttɑ]
deep (adj)	syvä	[syʋæ]

depth (deep water)	syvyys	[syʋy:s]
abyss	kuilu	[kujlu]
trench (e.g., Mariana ~)	vajoama	[ʋaøama]
current (Ocean ~)	virta	[ʋirta]
to surround (bathe)	huuhdella	[hu:hdella]
shore	merenranta	[merenranta]
coast	rannikko	[raŋikko]
flow (flood tide)	vuoksi	[ʋuoksi]
ebb (ebb tide)	pakovesi	[pakoʋesi]
shoal	matalikko	[matalikko]
bottom (~ of the sea)	pohja	[pohʰja]
wave	aalto	[a:lto]
crest (~ of a wave)	aallonharja	[a:llonharʰja]
spume (sea foam)	vaahto	[ʋa:hto]
storm (sea storm)	myrsky	[myrsky]
hurricane	hirmumyrsky	[hirmumyrsky]
tsunami	tsunami	[tsunami]
calm (dead ~)	tyyni	[ty:yni]
quiet, calm (adj)	rauhallinen	[rauhallinen]
pole	napa	[napa]
polar (adj)	napa	[napa]
latitude	leveys	[leʋeys]
longitude	pituus	[pitu:s]
parallel	leveyspiiri	[leʋeyspi:iri]
equator	päiväntasaaja	[pæjʋæntasa:ja]
sky	taivas	[tajʋas]
horizon	taivaanranta	[tajʋa:nranta]
air	ilma	[ilma]
lighthouse	majakka	[majakka]
to dive (vi)	sukeltaa	[sukelta:]
to sink (ab. boat)	upota	[upota]
treasures	aarteet	[a:rte:t]

78. Seas' and Oceans' names

Atlantic Ocean	Atlantin valtameri	[atlantin ʋalta meri]
Indian Ocean	Intian valtameri	[intian ʋalta meri]
Pacific Ocean	Tyynimeri	[ty:ni meri]
Arctic Ocean	Pohjoinen jäämeri	[pohʰøjnen jæ: meri]
Black Sea	Mustameri	[musta meri]
Red Sea	Punainenmeri	[punajnen meri]

| Yellow Sea | Keltainenmeri | [keltɑjnen meri] |
| White Sea | Vienanmeri | [ʋjenɑnmeri] |

Caspian Sea	Kaspianmeri	[kɑspiɑn meri]
Dead Sea	Kuollutmeri	[kuollut meri]
Mediterranean Sea	Välimeri	[ʋæli meri]

| Aegean Sea | Egeanmeri | [egeɑn meri] |
| Adriatic Sea | Adrianmeri | [ɑdriɑn meri] |

Arabian Sea	Arabianmeri	[ɑrɑbiɑn meri]
Sea of Japan	Japaninmeri	[jɑpɑnin meri]
Bering Sea	Beringinmeri	[beriŋin meri]
South China Sea	Etelä-Kiinan meri	[eteʎæ ki:inɑn meri]

Coral Sea	Korallimeri	[korɑlli meri]
Tasman Sea	Tasmaninmeri	[tɑsmɑnin meri]
Caribbean Sea	Karibianmeri	[kɑribiɑn meri]

| Barents Sea | Barentsinmeri | [bɑrentsin meri] |
| Kara Sea | Karanmeri | [kɑrɑn meri] |

North Sea	Pohjanmeri	[pohʰjɑn meri]
Baltic Sea	Itämeri	[itæ meri]
Norwegian Sea	Norjanmeri	[norʰjɑn meri]

79. Mountains

mountain	vuori	[ʋuori]
mountain range	vuorijono	[ʋuoriøno]
mountain ridge	vuorenharjanne	[ʋuoren hɑrʰjɑŋe]

summit, top	huippu	[hujppu]
peak	vuorenhuippu	[ʋuorenhujppu]
foot (~ of the mountain)	juuri	[ju:ri]
slope (mountainside)	rinne	[riŋe]

volcano	tulivuori	[tuliʋuori]
active volcano	toimiva tulivuori	[tojmiʋɑ tuliʋuori]
dormant volcano	sammunut tulivuori	[sɑmmunut tuliʋuori]

eruption	purkaus	[purkɑus]
crater	kraatteri	[krɑ:teri]
magma	magma	[mɑgmɑ]
lava	laava	[lɑ:ʋɑ]
molten (~ lava)	hehkuva	[hehkuʋɑ]

canyon	rotko	[rotko]
gorge	rotko	[rotko]
crevice	halkeama	[hɑlkeɑmɑ]

pass, col	sola	[sola]
plateau	ylätasanko	[yʌætasaŋko]
cliff	kallio	[kallio]
hill	mäki	[mæki]

glacier	jäätikkö	[jæ:tikkø]
waterfall	vesiputous	[ʋesiputous]
geyser	geisir	[gejsir]
lake	järvi	[jærʋi]

plain	tasanko	[tasaŋko]
landscape	maisema	[majsema]
echo	kaiku	[kajku]

alpinist	vuorikiipeilijä	[ʋuoriki:ipejlijæ]
rock climber	vuorikiipeilijä	[ʋuoriki:ipejlijæ]
to conquer (in climbing)	valloittaa	[ʋallojtta:]
climb (an easy ~)	nousu	[nousu]

80. Mountains names

The Alps	Alpit	[alpit]
Mont Blanc	Mont Blanc	[mont blaŋk]
The Pyrenees	Pyreneet	[pyrine:t]

The Carpathians	Karpaatit	[karpa:tit]
The Ural Mountains	Ural	[ural]
The Caucasus Mountains	Kaukasus	[kaukasus]
Mount Elbrus	Elbrus	[elbrus]

The Altai Mountains	Altai	[altaj]
The Tian Shan	Tianshan	[tian ʃan]
The Pamir Mountains	Pamir	[pamir]
The Himalayas	Himalaja	[himalaja]
Mount Everest	Mount Everest	[maunt eʋerest]

| The Andes | Andit | [andit] |
| Mount Kilimanjaro | Kilimanjaro | [kilimanʰjaro] |

81. Rivers

river	joki	[øki]
spring (natural source)	lähde	[ʌæhde]
riverbed (river channel)	uoma	[uoma]
basin	joen vesistö	[øen ʋesistø]
to flow into ...	laskea	[laskea]
tributary	sivujoki	[siʋuøki]
bank (of river)	ranta	[ranta]

current (stream)	virta	[ʋirtɑ]
downstream (adv)	myötävirtaan	[myøtæʋirtɑ:n]
upstream (adv)	ylävirtaan	[yʌæʋirtɑ:n]

inundation	tulva	[tulʋɑ]
flooding	kevättulva	[keʋættulʋɑ]
to overflow (vi)	tulvia	[tulʋiɑ]
to flood (vt)	tulvia	[tulʋiɑ]

| shallow (shoal) | matalikko | [mɑtɑlikko] |
| rapids | koski | [koski] |

dam	pato	[pɑto]
canal	kanava	[kɑnɑʋɑ]
reservoir (artificial lake)	vedensäiliö	[ʋedensæjliø]
sluice, lock	sulku	[sulku]

water body (pond, etc.)	vesistö	[ʋesistø]
swamp (marshland)	suo	[suo]
bog, marsh	hete	[hete]
whirlpool	pyörre	[pyørre]

stream (brook)	puro	[puro]
drinking (ab. water)	juoma-	[yomɑ]
fresh (~ water)	makea	[mɑkeɑ]

| ice | jää | [jæ:] |
| to freeze over (ab. river, etc.) | jäätyä | [jæ:tyæ] |

82. Rivers' names

| Seine | Seine | [sejne] |
| Loire | Loire | [lojre] |

Thames	Thames	[thɑmes]
Rhine	Rein	[rejn]
Danube	Tonava	[tonɑʋɑ]

Volga	Volga	[ʋolgɑ]
Don	Don	[don]
Lena	Lena	[lenɑ]

Yellow River	Keltainenjoki	[keltɑjnenøki]
Yangtze	Jangtse	[jɑŋdse]
Mekong	Mekong	[mekoŋ]
Ganges	Ganges	[gɑŋes]

| Nile River | Niili | [ni:ili] |
| Congo River | Kongo | [koŋo] |

Okavango River	**Okavango**	[okɑʋɑŋo]
Zambezi River	**Sambesi**	[sɑmbesi]
Limpopo River	**Limpopojoki**	[limpopoøki]
Mississippi River	**Mississippi**	[mississippi]

83. Forest

| forest, wood | **metsä** | [metsæ] |
| forest (as adj) | **metsä-** | [metsæ] |

thick forest	**tiheikkö**	[tihejkkø]
grove	**lehto**	[lehto]
forest clearing	**aho**	[ɑho]

| thicket | **tiheikkö** | [tihejkkø] |
| scrubland | **pensaikko** | [pensɑjkko] |

| footpath (troddenpath) | **polku** | [polku] |
| gully | **rotko** | [rotko] |

tree	**puu**	[puː]
leaf	**lehti**	[lehti]
leaves (foliage)	**lehdistö**	[lehdistø]

fall of leaves	**lehdenlähtö**	[lehdenʎæhtø]
to fall (ab. leaves)	**karista**	[kɑristɑ]
top (of the tree)	**latva**	[lɑtʋɑ]

branch	**oksa**	[oksɑ]
bough	**oksa**	[oksɑ]
bud (on shrub, tree)	**silmu**	[silmu]
needle (of pine tree)	**neulanen**	[neulɑnen]
pine cone	**käpy**	[kæpy]

hollow (in a tree)	**ontelo**	[ontelo]
nest	**pesä**	[pesæ]
burrow (animal hole)	**kolo**	[kolo]

trunk	**runko**	[ruŋko]
root	**juuri**	[juːri]
bark	**kuori**	[kuori]
moss	**sammal**	[sɑmmɑl]

| to uproot (remove trees or tree stumps) | **juuria** | [juːriɑ] |

to chop down	**hakata**	[hɑkɑtɑ]
to deforest (vt)	**hakata**	[hɑkɑtɑ]
tree stump	**kanto**	[kɑnto]
campfire	**nuotio**	[nuotio]
forest fire	**palo**	[pɑlo]

to extinguish (vt)	sammuttaa	[ɑammullu:]
forest ranger	metsänvartija	[metsænʋɑrtijɑ]
protection	suojelu	[suojelu]
to protect (~ nature)	suojella	[suojellɑ]
poacher	salametsästäjä	[salametsæstæjæ]
steel trap	raudat	[rɑudɑt]

to pick (mushrooms)	sienestää	[sienestæ:]
to pick (berries)	marjastaa	[marʰjɑstɑ:]
to lose one's way	eksyä	[eksyæ]

84. Natural resources

natural resources	luonnonvarat	[luoŋonʋɑrɑt]
minerals	mineraalit	[minerɑ:lit]
deposits	esiintymä	[esi:intymæ]
field (e.g., oilfield)	esiintymä	[esi:intymæ]

to mine (extract)	louhia	[louhiɑ]
mining (extraction)	kaivostoiminta	[kɑjʋostojminta]
ore	malmi	[malmi]
mine (e.g., for coal)	kaivos	[kɑjʋos]
shaft (mine ~)	kaivos	[kɑjʋos]
miner	kaivosmies	[kɑjʋosmies]

| gas (natural ~) | kaasu | [kɑ:su] |
| gas pipeline | kaasujohto | [kɑ:suøhto] |

oil (petroleum)	öljy	[ølʰy]
oil pipeline	öljyjohto	[ølʰy øhto]
oil well	öljynporausreikä	[ølʰyn porɑus rejkæ]
derrick (tower)	öljynporaustorni	[ølʰyn porɑus torni]
tanker	tankkilaiva	[taŋkki lɑjʋɑ]

sand	hiekka	[hiekkɑ]
limestone	kalkkikivi	[kɑlkkikiʋi]
gravel	sora	[sorɑ]
peat	turve	[turʋe]
clay	savi	[sɑʋi]
coal	hiili	[hi:ili]

iron (ore)	rauta	[rɑutɑ]
gold	kulta	[kultɑ]
silver	hopea	[hopeɑ]
nickel	nikkeli	[nikkeli]
copper	kupari	[kupɑri]

zinc	sinkki	[siŋkki]
manganese	mangaani	[mɑŋɑ:ni]
mercury	elohopea	[elo hopeɑ]

lead	lyijy	[lyiy]
mineral	mineraali	[minerɑ:li]
crystal	kristalli	[kristɑlli]
marble	marmori	[mɑrmori]
uranium	uraani	[urɑ:ni]

85. Weather

weather	sää	[sæ:]
weather forecast	sääennuste	[sæ:eŋuste]
temperature	lämpötila	[ʎæmpøtilɑ]
thermometer	lämpömittari	[ʎæmpømittɑri]
barometer	ilmapuntari	[ilmɑpuntɑri]

humidity	kosteus	[kosteus]
heat (extreme ~)	helle	[helle]
hot (torrid)	kuuma	[ku:mɑ]
it's hot	on kuumaa	[on ku:mɑ:]

it's warm	on lämmintä	[on ʎæmmintæ]
warm (moderately hot)	lämmin	[ʎæmmin]
it's cold	on kylmää	[on kylmæ:]
cold (adj)	kylmä	[kylmæ]

sun	aurinko	[auriŋko]
to shine (vi)	paistaa	[pɑjstɑ:]
sunny (day)	aurinkoinen	[auriŋkojnen]
to come up (vi)	nousta	[noustɑ]
to set (vi)	laskea	[lɑskeɑ]

cloud	pilvi	[pilui]
cloudy (adj)	pilvinen	[piluinen]
rain cloud	pilvi	[pilui]
somber (gloomy)	pilvinen	[piluinen]

rain	sade	[sɑde]
it's raining	sataa vettä	[sɑtɑ: uettæ]
rainy (~ day, weather)	sateinen	[sɑtejnen]
to drizzle (vi)	vihmoa	[uihmoɑ]

pouring rain	kaatosade	[kɑ:tosɑde]
downpour	rankka sade	[rɑŋkkasɑde]
heavy (e.g., ~ rain)	rankka	[rɑŋkkɑ]
puddle	lätäkkö	[ʎætækkø]
to get wet (in rain)	kastua	[kɑstuɑ]

fog (mist)	sumu	[sumu]
foggy	sumuinen	[sumujnen]
snow	lumi	[lumi]
it's snowing	sataa lunta	[sɑtɑ: luntɑ]

86. Severe weather. Natural disasters

thunderstorm	ukkonen	[ukkonen]
lightning (~ strike)	salama	[salama]
to flash (vi)	kimaltaa	[kimalta:]
thunder	ukkonen	[ukkonen]
to thunder (vi)	jyristä	[yristæ]
it's thundering	ukkonen jyrisee	[ukkonen yrise:]
hail	raesade	[raesade]
it's hailing	sataa rakeita	[sata: rakejta]
to flood (vt)	upottaa	[upotta:]
flood, inundation	tulva	[tuluɑ]
earthquake	maanjäristys	[ma:njaristys]
tremor, quake	maantärähdys	[ma:ntæræhdys]
epicenter	keskus	[keskus]
eruption	purkaus	[purkaus]
lava	laava	[la:uɑ]
twister	pyörre	[pyørre]
tornado	tornado	[tornado]
typhoon	pyörremyrsky	[pyørremyrsky]
hurricane	hirmumyrsky	[hirmumyrsky]
storm	myrsky	[myrsky]
tsunami	tsunami	[tsunami]
cyclone	sykloni	[sykloni]
bad weather	koiran ilma	[kojran ilma]
fire (accident)	palo	[palo]
disaster	katastrofi	[katastrofi]
meteorite	meteoriitti	[meteori:itti]
avalanche	lumivyöry	[lumiuyøry]
snowslide	lumivyöry	[lumiuyøry]
blizzard	pyry	[pyry]
snowstorm	pyry	[pyry]

FAUNA

T&P Books Publishing

87. Mammals. Predators

predator	**peto**	[peto]
tiger	**tiikeri**	[tiːikeri]
lion	**leijona**	[leiøna]
wolf	**susi**	[susi]
fox	**kettu**	[kettu]
jaguar	**jaguaari**	[jaguaːri]
leopard	**leopardi**	[leopardi]
cheetah	**gepardi**	[gepardi]
black panther	**pantteri**	[pantteri]
puma	**puuma**	[puːma]
snow leopard	**lumileopardi**	[lumi leopardi]
lynx	**ilves**	[ilʋes]
coyote	**kojootti**	[koøːtti]
jackal	**sakaali**	[sakaːli]
hyena	**hyeena**	[hyeːna]

88. Wild animals

animal	**eläin**	[eʌæjn]
beast (animal)	**eläin**	[eʌæjn]
squirrel	**orava**	[oraʋa]
hedgehog	**siili**	[siːili]
hare	**jänis**	[jænis]
rabbit	**kaniini**	[kaniːini]
badger	**mäyrä**	[mæuræ]
raccoon	**pesukarhu**	[pesukarhu]
hamster	**hamsteri**	[hamsteri]
marmot	**murmeli**	[murmeli]
mole	**maamyyrä**	[maːmyːræ]
mouse	**hiiri**	[hiːiri]
rat	**rotta**	[rotta]
bat	**lepakko**	[lepakko]
ermine	**kärppä**	[kærppæ]
sable	**soopeli**	[soːpeli]
marten	**näätä**	[næːtæ]

| weasel | lumikko | [lumikko] |
| mink | minkki | [miŋkki] |

| beaver | majava | [majaʋa] |
| otter | saukko | [saukko] |

horse	hevonen	[heʋonen]
moose	hirvi	[hirʋi]
deer	poro	[poro]
camel	kameli	[kameli]

bison	biisoni	[biːisoni]
aurochs	visentti	[ʋisentti]
buffalo	puhveli	[puhʋeli]

zebra	seepra	[seːpra]
antelope	antilooppi	[antiloːppi]
roe deer	metsäkauris	[metsæ kauris]
fallow deer	kuusipeura	[kuːsi peura]
chamois	gemssi	[gemssi]
wild boar	villisika	[ʋilli sika]

whale	valas	[ʋalas]
seal	hylje	[hylʰje]
walrus	mursu	[mursu]
fur seal	merikarhu	[merikarhu]
dolphin	delfiini	[delfiːini]

bear	karhu	[karhu]
polar bear	jääkarhu	[jæːkarhu]
panda	panda	[panda]

monkey	apina	[apina]
chimpanzee	simpanssi	[simpanssi]
orangutan	oranki	[oraŋki]
gorilla	gorilla	[gorilla]
macaque	makaki	[makaki]
gibbon	gibboni	[gibboni]

| elephant | norsu | [norsu] |
| rhinoceros | sarvikuono | [sarʋikuono] |

| giraffe | kirahvi | [kirahʋi] |
| hippopotamus | virtahepo | [ʋirta hepo] |

| kangaroo | kenguru | [keŋuru] |
| koala (bear) | pussikarhu | [pussikarhu] |

mongoose	faaraorotta	[faːraorotta]
chinchilla	sinsilla	[sinsilla]
skunk	haisunäätä	[hajsunæːtæ]
porcupine	piikkisika	[piːikkisika]

89. Domestic animals

cat	kissa	[kissɑ]
tomcat	kollikissa	[kollikissɑ]
dog	koira	[kojrɑ]

horse	hevonen	[heʊonen]
stallion	ori	[ori]
mare	tamma	[tɑmmɑ]

cow	lehmä	[lehmæ]
bull	sonni	[soŋi]
ox	härkä	[hærkæ]

sheep (ewe)	lammas	[lɑmmɑs]
ram	pässi	[pæssi]
goat	vuohi	[ʊuohi]
billy goat, he-goat	pukki	[pukki]

| donkey | aasi | [ɑ:si] |
| mule | muuli | [mu:li] |

pig, hog	sika	[sikɑ]
piglet	porsas	[porsɑs]
rabbit	kaniini	[kɑni:ini]

| hen (chicken) | kana | [kɑnɑ] |
| rooster | kukko | [kukko] |

duck	ankka	[ɑŋkkɑ]
drake	urosankka	[urosɑŋkkɑ]
goose	hanhi	[hɑnhi]

| tom turkey, gobbler | uroskalkkuna | [uroskɑlkkunɑ] |
| turkey (hen) | naaraskalkkuna | [nɑ:rɑskɑlkkunɑ] |

domestic animals	kotieläimet	[kotieʌæjmet]
tame (e.g., ~ hamster)	kesy	[kesy]
to tame (vt)	kesyttää	[kesyttæ:]
to breed (vt)	kasvattaa	[kɑsʊɑttɑ:]

farm	farmi	[fɑrmi]
poultry	siipikarja	[si:ipikɑrʰjɑ]
cattle	karja	[kɑrʰjɑ]
herd (cattle)	lauma	[lɑumɑ]

stable	hevostalli	[heʊostɑlli]
pigsty	sikala	[sikɑlɑ]
cowshed	navetta	[nɑʊettɑ]
rabbit hutch	kanikoppi	[kɑnikoppi]
hen house	kanala	[kɑnɑlɑ]

90. Birds

bird	lintu	[lintu]
pigeon	kyyhky	[ky:hky]
sparrow	varpunen	[ʋarpunen]
tit	tiainen	[tiajnen]
magpie	harakka	[harakka]

raven	korppi	[korppi]
crow	varis	[ʋaris]
jackdaw	naakka	[na:kka]
rook	mustavaris	[musta ʋaris]

duck	ankka	[aŋkka]
goose	hanhi	[hanhi]
pheasant	fasaani	[fasa:ni]

eagle	kotka	[kotka]
hawk	haukka	[haukka]
falcon	haukka	[haukka]
vulture	korppikotka	[korppikotka]
condor (Andean ~)	kondori	[kondori]

swan	joutsen	[øuʦen]
crane	kurki	[kurki]
stork	haikara	[hajkara]

parrot	papukaija	[papukaija]
hummingbird	kolibri	[kolibri]
peacock	riikinkukko	[ri:kiŋkukko]

ostrich	strutsi	[struʦi]
heron	haikara	[hajkara]
flamingo	flamingo	[flamiŋo]
pelican	pelikaani	[pelika:ni]

| nightingale | satakieli | [satakieli] |
| swallow | pääskynen | [pæ:skynen] |

thrush	rastas	[rastas]
song thrush	laulurastas	[laulurastas]
blackbird	mustarastas	[mustarastas]

swift	tervapääsky	[terʋapæ:sky]
lark	leivonen	[lejʋonen]
quail	viiriäinen	[ʋi:iriæjnen]

woodpecker	tikka	[tikka]
cuckoo	käki	[kæki]
owl	pöllö	[pøllø]
eagle owl	huuhkaja	[hu:hkaja]

wood grouse	metso	[metso]
black grouse	teeri	[te:ri]
partridge	riekko	[riekko]

starling	kottarainen	[kottarajnen]
canary	kanarianlintu	[kanarianlintu]
hazel grouse	pyy	[py:]
chaffinch	peipponen	[pejpponen]
bullfinch	punatulkku	[punatulkku]

seagull	lokki	[lokki]
albatross	albatrossi	[albatrossi]
penguin	pingviini	[piŋui:ini]

91. Fish. Marine animals

bream	lahna	[lahna]
carp	karppi	[karppi]
perch	ahven	[ahuen]
catfish	monni	[moŋi]
pike	hauki	[hauki]

| salmon | lohi | [lohi] |
| sturgeon | sampi | [sampi] |

herring	silli	[silli]
Atlantic salmon	merilohi	[merilohi]
mackerel	makrilli	[makrilli]
flatfish	kampela	[kampela]

zander, pike perch	kuha	[kuha]
cod	turska	[turska]
tuna	tonnikala	[toŋikala]
trout	lohi	[lohi]

eel	ankerias	[aŋkerias]
electric ray	sähkörausku	[sæhkørausku]
moray eel	mureena	[mure:na]
piranha	punapiraija	[puna piraija]

shark	hai	[haj]
dolphin	delfiini	[delfi:ini]
whale	valas	[ualas]

crab	taskurapu	[taskurapu]
jellyfish	meduusa	[medu:sa]
octopus	meritursas	[meritursas]

| starfish | meritähti | [meritæhti] |
| sea urchin | merisiili | [merisi:ili] |

seahorse	merihevonen	[meriheʋonen]
oyster	osteri	[osteri]
shrimp	katkarapu	[katkarapu]
lobster	hummeri	[hummeri]
spiny lobster	langusti	[laŋusti]

92. Amphibians. Reptiles

snake	käärme	[kæ:rme]
venomous (snake)	myrkyllinen	[myrkyllinen]

viper	kyy	[ky:]
cobra	silmälasikäärme	[silmælɑsi kæ:rme]
python	python	[python]
boa	jättiläiskäärme	[jættiʎæjs kæ:rme]

grass snake	turhakäärme	[turhɑ kæ:rme]
rattle snake	kalkkarokäärme	[kɑlkkɑro kæ:rme]
anaconda	anakonda	[ɑnɑkondɑ]

lizard	sisilisko	[sisilisko]
iguana	iguaani	[iguɑ:ni]
monitor lizard	varaani	[ʋɑrɑ:ni]
salamander	salamanteri	[sɑlɑmɑnteri]
chameleon	kameleontti	[kɑmeleontti]
scorpion	skorpioni	[skorpioni]

turtle	kilpikonna	[kilpikoŋɑ]
frog	sammakko	[sɑmmɑkko]
toad	konna	[koŋɑ]
crocodile	krokotiili	[krokoti:ili]

93. Insects

insect, bug	hyönteinen	[hyøntejnen]
butterfly	perhonen	[perhonen]
ant	muurahainen	[mu:rɑhɑjnen]
fly	kärpänen	[kærpænen]
mosquito	hyttynen	[hyttynen]
beetle	kovakuoriainen	[koʋɑkuoriɑjnen]

wasp	ampiainen	[ɑmpiɑjnen]
bee	mehiläinen	[mehiʎæjnen]
bumblebee	kimalainen	[kimɑlɑjnen]
gadfly	kiiliäinen	[ki:iliæjnen]

spider	hämähäkki	[hæmæɦækki]
spider's web	hämähäkinseitti	[hæmæɦækinsejtti]

dragonfly	**sudenkorento**	[sudeŋkorento]
grasshopper	**hepokatti**	[hepokatti]
moth (night butterfly)	**perho**	[perho]
cockroach	**torakka**	[torakka]
tick	**punkki**	[puŋkki]
flea	**kirppu**	[kirppu]
midge	**mäkärä**	[mækæræ]
locust	**kulkusirkka**	[kulkusirkka]
snail	**etana**	[etana]
cricket	**sirkka**	[sirkka]
lightning bug	**kiiltomato**	[ki:iltomato]
ladybug	**leppäkerttu**	[leppækerttu]
cockchafer	**turilas**	[turilas]
leech	**juotikas**	[juotikas]
caterpillar	**toukka**	[toukka]
earthworm	**mato**	[mato]
larva	**toukka**	[toukka]

FLORA

T&P Books Publishing

tree	**puu**	[puː]
deciduous (adj)	**lehti-**	[lehti]
coniferous (adj)	**havu-**	[havu]
evergreen (adj)	**ikivihreä**	[ikivihrea]
apple tree	**omenapuu**	[omenapuː]
pear tree	**päärynäpuu**	[pæːrynæpuː]
sweet cherry tree	**linnunkirsikkapuu**	[liŋun kirsikkapuː]
sour cherry tree	**hapankirsikkapuu**	[hapan kirsikkapuː]
plum tree	**luumupuu**	[luːmupuː]
birch	**koivu**	[kojuu]
oak	**tammi**	[tammi]
linden tree	**lehmus**	[lehmus]
aspen	**haapa**	[haːpa]
maple	**vaahtera**	[vaːhtera]
spruce	**kuusi**	[kuːsi]
pine	**mänty**	[mænty]
larch	**lehtikuusi**	[lehtikuːsi]
fir tree	**jalokuusi**	[jaloku:si]
cedar	**setri**	[setri]
poplar	**poppeli**	[poppeli]
rowan	**pihlaja**	[pihlaja]
willow	**paju**	[paju]
alder	**leppä**	[leppæ]
beech	**pyökki**	[pyøkki]
elm	**jalava**	[jalava]
ash (tree)	**saarni**	[saːrni]
chestnut	**kastanja**	[kastanʲja]
magnolia	**magnolia**	[magnolia]
palm tree	**palmu**	[palmu]
cypress	**sypressi**	[sypressi]
mangrove	**mangrovepuu**	[maŋrovepuː]
baobab	**apinanleipäpuu**	[apinan lejpæpuː]
eucalyptus	**eukalyptus**	[eukalyptus]
sequoia	**punapuu**	[punapuː]

95. Shrubs

bush	**pensas**	[pensɑs]
shrub	**pensaikko**	[pensɑjkko]
grapevine	**viinirypäleet**	[ʋi:inirypæle:t]
vineyard	**viinitarha**	[ʋi:initɑrhɑ]
raspberry bush	**vadelma**	[ʋɑdelmɑ]
redcurrant bush	**punaherukka**	[punɑherukkɑ]
gooseberry bush	**karviaismarja**	[kɑrʋiɑjsmɑrⁿjɑ]
acacia	**akasia**	[ɑkɑsiɑ]
barberry	**happomarja**	[hɑppomɑrⁿjɑ]
jasmine	**jasmiini**	[jɑsmi:ini]
juniper	**kataja**	[kɑtɑjɑ]
rosebush	**ruusupensas**	[ru:supensɑs]
dog rose	**villiruusu**	[ʋilliru:su]

96. Fruits. Berries

fruit	**hedelmä**	[hedelmæ]
fruits	**hedelmät**	[hedelmæt]
apple	**omena**	[omenɑ]
pear	**päärynä**	[pæ:ryɲæ]
plum	**luumu**	[lu:mu]
strawberry	**mansikka**	[mɑnsikkɑ]
sour cherry	**hapankirsikka**	[hɑpɑn kirsikkɑ]
sweet cherry	**linnunkirsikka**	[liɲun kirsikkɑ]
grape	**viinirypäleet**	[ʋi:inirypæle:t]
raspberry	**vadelma**	[ʋɑdelmɑ]
blackcurrant	**mustaherukka**	[mustɑherukkɑ]
redcurrant	**punaiset viinimarjat**	[punɑjset ʋi:inimɑrⁿjɑt]
gooseberry	**karviaiset**	[kɑrʋiɑjset]
cranberry	**karpalo**	[kɑrpɑlo]
orange	**appelsiini**	[ɑppelsi:ini]
mandarin	**mandariini**	[mɑndɑri:ini]
pineapple	**ananas**	[ɑnɑnɑs]
banana	**banaani**	[bɑnɑ:ni]
date	**taateli**	[tɑ:teli]
lemon	**sitruuna**	[sitru:nɑ]
apricot	**aprikoosi**	[ɑpriko:si]
peach	**persikka**	[persikkɑ]
kiwi	**kiivi**	[ki:iʋi]

grapefruit	greippi	[grejppi]
berry	marja	[marʰja]
berries	marjat	[marʰjat]
cowberry	puolukka	[puolukka]
field strawberry	mansikka	[mansikka]
bilberry	mustikka	[mustikka]

97. Flowers. Plants

| flower | kukka | [kukka] |
| bouquet (of flowers) | kukkakimppu | [kukkakimppu] |

rose (flower)	ruusu	[ru:su]
tulip	tulppani	[tulppani]
carnation	neilikka	[nejlikka]
gladiolus	miekkalilja	[miekkalilija]

cornflower	kaunokki	[kaunokki]
bluebell	kellokukka	[kelloikukka]
dandelion	voikukka	[ʋojkukka]
camomile	päivänkakkara	[pæjʋæn kakkara]

aloe	aaloe	[a:loe]
cactus	kaktus	[kaktus]
rubber plant, ficus	fiikus	[fi:ikus]

lily	lilja	[lilʰja]
geranium	kurjenpolvi	[kurʰjenpolʋi]
hyacinth	hyasintti	[hyasintti]

mimosa	mimoosa	[mimo:sa]
narcissus	narsissi	[narsissi]
nasturtium	krassi	[krassi]

orchid	orkidea	[orkidea]
peony	pioni	[pioni]
violet	orvokki	[orʋokki]

pansy	keto-orvokki	[keto orʋokki]
forget-me-not	lemmikki	[lemmikki]
daisy	kaunokainen	[kaunokajnen]

poppy	unikko	[unikko]
hemp	hamppu	[hamppu]
mint	minttu	[minttu]

lily of the valley	kielo	[kielo]
snowdrop	lumikello	[lumikello]
nettle	nokkonen	[nokkonen]
sorrel	hierakka	[hierakka]

water lily	lumme	[lumme]
fern	saniainen	[sɑniɑjnen]
lichen	jäkälä	[jækæʎæ]

greenhouse (tropical ~)	ansari	[ɑnsɑri]
lawn	nurmikko	[nurmikko]
flowerbed	kukkapenkki	[kukkɑ peŋkki]

plant	kasvi	[kɑsʋi]
grass	ruoho	[ruoho]
blade of grass	heinänkorsi	[hejnæŋkorsi]

leaf	lehti	[lehti]
petal	terälehti	[teræ lehti]
stem	varsi	[ʋɑrsi]
tuber	mukula	[mukulɑ]

| young plant (shoot) | itu | [itu] |
| thorn | piikki | [piːikki] |

to blossom (vi)	kukkia	[kukkiɑ]
to fade, to wither	kuihtua	[kujhtuɑ]
smell (odor)	tuoksu	[tuoksu]
to cut (flowers)	leikata	[lejkɑtɑ]
to pick (a flower)	repiä	[repiæ]

98. Cereals, grains

grain	vilja	[ʋilʰjɑ]
cereal crops	viljat	[ʋilʰjɑt]
ear (of barley, etc.)	tähkä	[tæhkæ]

wheat	vehnä	[ʋehŋæ]
rye	ruis	[rujs]
oats	kaura	[kɑurɑ]
millet	hirssi	[hirssi]
barley	ohra	[ohrɑ]

corn	maissi	[mɑjssi]
rice	riisi	[riːisi]
buckwheat	tattari	[tɑttɑri]

pea plant	herne	[herne]
kidney bean	pavut	[pɑʋut]
soy	soijapapu	[soijɑpɑpu]
lentil	kylvövirvilä	[kyluøʋiruiʎæ]
beans (pulse crops)	pavut	[pɑʋut]

COUNTRIES OF
THE WORLD

T&P Books Publishing

Afghanistan	**Afganistan**	[afganistan]
Albania	**Albania**	[albania]
Argentina	**Argentiina**	[argenti:ina]
Armenia	**Armenia**	[armeniæ]
Australia	**Australia**	[australia]
Austria	**Itävalta**	[itæualta]
Azerbaijan	**Azerbaidžan**	[azerbajdʒan]
The Bahamas	**Bahama**	[bahama]
Bangladesh	**Bangladesh**	[baŋladeʃ]
Belarus	**Valko-Venäjä**	[ualko ueɲæjæ]
Belgium	**Belgia**	[belgia]
Bolivia	**Bolivia**	[boliuia]
Bosnia and Herzegovina	**Bosnia ja Hertsegovina**	[bosnia ja hertsegouina]
Brazil	**Brasilia**	[brasilia]
Bulgaria	**Bulgaria**	[bulgaria]
Cambodia	**Kambodža**	[kambodʒa]
Canada	**Kanada**	[kanada]
Chile	**Chile**	[tʃile]
China	**Kiina**	[ki:ina]
Colombia	**Kolumbia**	[kolumbia]
Croatia	**Kroatia**	[kroatia]
Cuba	**Kuuba**	[ku:ba]
Cyprus	**Kypros**	[kypros]
Czech Republic	**Tšekki**	[tʃekki]
Denmark	**Tanska**	[tanska]
Dominican Republic	**Dominikaaninen tasavalta**	[dominika:ninen tasaualta]
Ecuador	**Ecuador**	[ekuador]
Egypt	**Egypti**	[egypti]
England	**Englanti**	[eŋlanti]
Estonia	**Viro**	[uiro]
Finland	**Suomi**	[suomi]
France	**Ranska**	[ranska]
French Polynesia	**Ranskan Polynesia**	[ranskan polynesia]
Georgia	**Gruusia**	[gru:sia]
Germany	**Saksa**	[saksa]
Ghana	**Ghana**	[gana]
Great Britain	**Iso-Britannia**	[isobritaŋia]
Greece	**Kreikka**	[krejkka]
Haiti	**Haiti**	[haiti]
Hungary	**Unkari**	[uŋkari]

100. Countries. Part 2

Iceland	Islanti	[islanti]
India	Intia	[intia]
Indonesia	Indonesia	[indonesia]
Iran	Iran	[iran]
Iraq	Irak	[irak]
Ireland	Irlanti	[irlanti]
Israel	Israel	[israel]
Italy	Italia	[italia]
Jamaica	Jamaika	[jamajka]
Japan	Japani	[japani]
Jordan	Jordania	[ørdania]
Kazakhstan	Kazakstan	[kazakstan]
Kenya	Kenia	[kenia]
Kirghizia	Kirgisia	[kirgisia]
Kuwait	Kuwait	[kuʋajt]
Laos	Laos	[laos]
Latvia	Latvia	[latʋia]
Lebanon	Libanon	[libanon]
Libya	Libya	[libya]
Liechtenstein	Liechtenstein	[lihtenʃtajn]
Lithuania	Liettua	[liettua]
Luxembourg	Luxemburg	[lyksemburg]
Macedonia (Republic of ~)	Makedonia	[makedonia]
Madagascar	Madagaskar	[madagaskar]
Malaysia	Malesia	[malesia]
Malta	Malta	[malta]
Mexico	Meksiko	[meksiko]
Moldova, Moldavia	Moldova	[moldoʋa]
Monaco	Monaco	[monako]
Mongolia	Mongolia	[monjolia]
Montenegro	Montenegro	[monte negro]
Morocco	Marokko	[marokko]
Myanmar	Myanmar	[myanmar]
Namibia	Namibia	[namibiæ]
Nepal	Nepal	[nepal]
Netherlands	Alankomaat	[alaŋkoma:t]
New Zealand	Uusi-Seelanti	[u:si se:lanti]
North Korea	Pohjois-Korea	[pohʰøjs korea]
Norway	Norja	[norʰja]

101. Countries. Part 3

Pakistan	Pakistan	[pakistan]
Palestine	Palestiinalaishallinto	[palesti:inalajs hallinto]

Panama	**Panama**	[panama]
Paraguay	**Paraguay**	[paraguaj]
Peru	**Peru**	[peru]
Poland	**Puola**	[puola]
Portugal	**Portugali**	[portugali]
Romania	**Romania**	[romania]
Russia	**Venäjä**	[veɲæjæ]

Saudi Arabia	**Saudi-Arabia**	[saudi arabia]
Scotland	**Skotlanti**	[skotlanti]
Senegal	**Senegal**	[senegal]
Serbia	**Serbia**	[serbia]
Slovakia	**Slovakia**	[slovakia]
Slovenia	**Slovenia**	[slovenia]

South Africa	**Etelä-Afrikka**	[eteʎæ afrikka]
South Korea	**Etelä-Korea**	[eteʎæ korea]
Spain	**Espanja**	[espanʰja]
Suriname	**Suriname**	[suriname]
Sweden	**Ruotsi**	[ruotsi]
Switzerland	**Sveitsi**	[svejtsi]
Syria	**Syyria**	[sy:ria]

Taiwan	**Taiwan**	[tajuan]
Tajikistan	**Tadžhikistan**	[tadʒikistan]
Tanzania	**Tansania**	[tansania]
Tasmania	**Tasmania**	[tasmania]
Thailand	**Thaimaa**	[thajma:]
Tunisia	**Tunisia**	[tunisia]
Turkey	**Turkki**	[turkki]
Turkmenistan	**Turkmenistan**	[turkmenistan]

Ukraine	**Ukraina**	[ukraina]
United Arab Emirates	**Arabiemiirikuntien liitto**	[arabi emi:iri kuntien li:itto]
United States of America	**Yhdysvallat**	[yhdys vallat]
Uruguay	**Uruguay**	[uruguaj]
Uzbekistan	**Uzbekistan**	[uzbekistan]

Vatican	**Vatikaanivaltio**	[vatika:ni valtio]
Venezuela	**Venezuela**	[venezuela]
Vietnam	**Vietnam**	[vjetnam]
Zanzibar	**Sansibar**	[sansibar]

GASTRONOMIC GLOSSARY

This section contains a lot of words and terms associated with food. This dictionary will make it easier for you to understand the menu at a restaurant and choose the right dish

T&P Books Publishing

English-Finnish gastronomic glossary

aftertaste	sivumaku	[siʋumɑku]
almond	manteli	[mɑnteli]
anise	anis	[ɑnis]
aperitif	aperitiivi	[ɑperiti:iʋi]
appetite	ruokahalu	[ruokɑhɑlu]
appetizer	alkupalat	[ɑlkupɑlɑt]
apple	omena	[omenɑ]
apricot	aprikoosi	[ɑpriko:si]
artichoke	artisokka	[ɑrtisokkɑ]
asparagus	parsa	[pɑrsɑ]
Atlantic salmon	merilohi	[merilohi]
avocado	avokado	[ɑʋokɑdo]
bacon	pekoni	[pekoni]
banana	banaani	[bɑnɑ:ni]
barley	ohra	[ohrɑ]
bartender	baarimestari	[bɑ:rimestɑri]
basil	basilika	[bɑsilikɑ]
bay leaf	laakerinlehti	[lɑ:kerin lehti]
beans	pavut	[pɑʋut]
beef	naudanliha	[nɑudɑn lihɑ]
beer	olut	[olut]
beetroot	punajuuri	[punɑju:ri]
bell pepper	paprika	[pɑprikɑ]
berries	marjat	[mɑrʰjɑt]
berry	marja	[mɑrʰjɑ]
bilberry	mustikka	[mustikkɑ]
birch bolete	lehmäntatti	[lehmæntɑtti]
bitter	karvas	[kɑrʋɑs]
black coffee	musta kahvi	[mustɑ kɑhʋi]
black pepper	musta pippuri	[mustɑ pippuri]
black tea	musta tee	[mustɑ te:]
blackberry	vatukka	[ʋɑtukkɑ]
blackcurrant	mustaherukka	[mustɑherukkɑ]
boiled	keitetty	[kejtetty]
bottle opener	pullonavaaja	[pullonɑʋɑ:jæ]
bread	leipä	[lejpæ]
breakfast	aamiainen	[ɑ:miɑjnen]
bream	lahna	[lɑhnɑ]
broccoli	brokkolikaali	[brokkoli kɑ:li]
Brussels sprouts	brysselinkaali	[brysseliŋkɑ:li]
buckwheat	tattari	[tɑttɑri]
butter	voi	[ʋoj]
buttercream	kreemi	[kre:mi]
cabbage	kaali	[kɑ:li]

cake	leivos	[lejʋos]
cake	kakku	[kɑkku]
calorie	kalori	[kɑlori]
can opener	purkinavaaja	[purkinɑʋɑːjæ]
candy	karamelli	[kɑrɑmelli]
canned food	säilykkeet	[sæjlykkeːt]
cappuccino	kahvi kerman kera	[kɑhʋi kermɑn kerɑ]
caraway	kumina	[kuminɑ]
carbohydrates	hiilihydraatit	[hiːili hydrɑːtit]
carbonated	hiilihappovettä	[hiːili hɑppoʋettɑ]
carp	karppi	[kɑrppi]
carrot	porkkana	[porkkɑnɑ]
catfish	monni	[moɲi]
cauliflower	kukkakaali	[kukkɑkɑːli]
caviar	kaviaari	[kɑʋiɑːri]
celery	selleri	[selleri]
cep	herkkutatti	[herkkutɑtti]
cereal crops	viljat	[ʋilʰjɑt]
cereal grains	suurimot	[suːrimot]
champagne	samppanja	[sɑmppɑnʰjɑ]
chanterelle	keltavahvero	[keltɑʋɑhʋero]
check	lasku	[lɑsku]
cheese	juusto	[juːsto]
chewing gum	purukumi	[purukumi]
chicken	kana	[kɑnɑ]
chocolate	suklaa	[suklɑː]
chocolate	suklaa-	[suklɑː]
cinnamon	kaneli	[kɑneli]
clear soup	liemi	[liemi]
cloves	neilikka	[nejlikkɑ]
cocktail	cocktail	[koktejl]
coconut	kookospähkinä	[koːkos pæhkiɲæ]
cod	turska	[turskɑ]
coffee	kahvi	[kɑhʋi]
coffee with milk	maitokahvi	[mɑjto kɑhʋi]
cognac	konjakki	[konʰjɑkki]
cold	kylmä	[kylmæ]
condensed milk	maitotiiviste	[mɑjto tiːiʋiste]
condiment	höyste	[høyste]
confectionery	makeiset	[mɑkejs et]
cookies	keksit	[keksit]
coriander	korianteri	[koriɑnteri]
corkscrew	korkkiruuvi	[korkkiruːʋi]
corn	maissi	[mɑjssi]
corn	maissi	[mɑjssi]
cornflakes	maissimurot	[mɑjssi murot]
course, dish	ruoka	[ruokɑ]
cowberry	puolukka	[puolukkɑ]
crab	kuningasrapu	[kuniŋɑsrɑpu]
cranberry	karpalo	[kɑrpɑlo]
cream	kerma	[kermɑ]
crumb	muru	[muru]

cucumber	**kurkku**	[kurkku]
cuisine	**keittiö**	[kejttiø]
cup	**kuppi**	[kuppi]
dark beer	**tumma olut**	[tummɑ olut]
date	**taateli**	[tɑːteli]
death cap	**myrkkysieni**	[myrkkysieni]
dessert	**jälkiruoka**	[jælkiruokɑ]
diet	**dieetti**	[dieːti]
dill	**tilli**	[tilli]
dinner	**illallinen**	[illɑllinen]
dried	**kuivattu**	[kujʋɑttu]
drinking water	**juomavesi**	[juomɑʋesi]
duck	**ankka**	[ɑŋkkɑ]
ear	**tähkä**	[tæhkæ]
edible mushroom	**ruokasieni**	[ruokɑsieni]
eel	**ankerias**	[ɑŋkeriɑs]
egg	**muna**	[munɑ]
egg white	**valkuainen**	[ʋɑlkuɑjnen]
egg yolk	**keltuainen**	[keltuɑjnen]
eggplant	**munakoiso**	[munɑkojso]
eggs	**munat**	[munɑt]
Enjoy your meal!	**Hyvää ruokahalua!**	[hyʋæː ruokɑhɑluɑ]
fats	**rasvat**	[rɑsʋɑt]
field strawberry	**mansikka**	[mɑnsikkɑ]
fig	**viikuna**	[ʋiːikunɑ]
filling	**täyte**	[tæyte]
fish	**kala**	[kɑlɑ]
flatfish	**kampela**	[kɑmpelɑ]
flour	**jauhot**	[jɑuhot]
fly agaric	**kärpässieni**	[kærpæssieni]
food	**ruoka**	[ruokɑ]
fork	**haarukka**	[hɑːrukkɑ]
freshly squeezed juice	**tuoremehu**	[tuore mehu]
fried	**paistettu**	[pɑjstettu]
fried eggs	**paistettu muna**	[pɑjstettu munɑ]
fried meatballs	**kotletti**	[kotletti]
frozen	**jäädytetty**	[jæːdytetty]
fruit	**hedelmä**	[hedelmæ]
fruits	**hedelmät**	[hedelmæt]
game	**riista**	[riːistɑ]
gammon	**kinkku**	[kiŋkku]
garlic	**valkosipuli**	[ʋɑlko sipuli]
gin	**gini**	[gini]
ginger	**inkivääri**	[iŋkiʋæːri]
glass	**lasi**	[lɑsi]
glass	**malja**	[mɑlʰjɑ]
goose	**hanhi**	[hɑnhi]
gooseberry	**karviaiset**	[kɑrʋiɑjset]
grain	**vilja**	[ʋilʰjɑ]
grape	**viinirypäleet**	[ʋiːinirypæleːt]
grapefruit	**greippi**	[grejppi]
green tea	**vihreä tee**	[ʋihreæ teː]

greens	kasvikset	[kasʋikset]
halibut	pallas	[pallas]
ham	kinkku	[kiŋkku]
hamburger	jauheliha	[jauheliha]
hamburger	hampurilainen	[hampurilajnen]
hazelnut	hasselpähkinä	[hassel pæhkiɲæ]
herring	silli	[silli]
honey	hunaja	[hunaja]
horseradish	piparjuuri	[piparʰjuːri]
hot	kuuma	[kuːma]
ice	jää	[jæː]
ice-cream	jäätelö	[jæːtelø]
instant coffee	murukahvi	[muru kahʋi]
jam	hillo	[hillo]
jam	hillo	[hillo]
juice	mehu	[mehu]
kidney bean	pavut	[paʋut]
kiwi	kiivi	[kiːiʋi]
knife	veitsi	[ʋejtsi]
lamb	lampaanliha	[lampaːn liha]
lard	silava	[silaʋa]
lemon	sitruuna	[sitruːna]
lemonade	limonaati	[limonaːti]
lentil	kylvövirvilä	[kylʋøʋirʋiʎæ]
lettuce	salaatti	[salaːtti]
light beer	vaalea olut	[ʋaːlea olut]
liqueur	likööri	[likøːri]
liquors	alkoholijuomat	[alkoholi juomat]
liver	maksa	[maksa]
lunch	päivällinen	[pæjʋællinen]
mackerel	makrilli	[makrilli]
mandarin	mandariini	[mandariːini]
mango	mango	[maŋo]
margarine	margariini	[margariːini]
marmalade	marmeladi	[marmeladi]
mashed potatoes	perunasose	[peruna sose]
mayonnaise	majoneesi	[maøneːsi]
meat	liha	[liha]
melon	meloni	[meloni]
menu	ruokalista	[ruoka lista]
milk	maito	[majto]
milkshake	pirtelö	[pirtelø]
millet	hirssi	[hirssi]
mineral water	kivennäisvesi	[kiʋeɲæjs ʋesi]
morel	huhtasieni	[huhtasieni]
mushroom	sieni	[sieni]
mustard	sinappi	[sinappi]
non-alcoholic	alkoholiton	[alkoholiton]
noodles	nuudeli	[nuːdeli]
oats	kaura	[kaura]
olive oil	oliiviöljy	[oliːiʋi ølʰy]
olives	oliivit	[oliːiʋit]

omelet	munakas	[munakas]
onion	sipuli	[sipuli]
orange	appelsiini	[appelsi:ini]
orange juice	appelsiinimehu	[appelsi:ini mehu]
orange-cap boletus	punikkitatti	[punikkitatti]
oyster	osteri	[osteri]
pâté	tahna	[tahna]
papaya	papaija	[papaija]
paprika	paprika	[paprika]
parsley	persilja	[persilʰæ]
pasta	makaronit	[makaronit]
pea	herne	[herne]
peach	persikka	[persikka]
peanut	maapähkinä	[ma:pæhkiɲæ]
pear	päärynä	[pæ:ryɲæ]
peel	kuori	[kuori]
perch	ahven	[ahʋen]
pickled	marinoitu	[marinojtu]
pie	piirakka	[pi:irakka]
piece	pala	[pala]
pike	hauki	[hauki]
pike perch	kuha	[kuha]
pineapple	ananas	[ananas]
pistachios	pistaasi	[pista:si]
pizza	pizza	[pitsa]
plate	lautanen	[lautanen]
plum	luumu	[lu:mu]
poisonous mushroom	myrkkysieni	[myrkkysieni]
pomegranate	granaattiomena	[grana:tti omena]
pork	sianliha	[sian liha]
porridge	puuro	[pu:ro]
portion	annos	[aŋos]
potato	peruna	[peruna]
proteins	valkuaisaineet	[ʋalku ajsajne:t]
pub, bar	baari	[ba:ri]
pumpkin	kurpitsa	[kurpitsa]
rabbit	kaniini	[kani:ini]
radish	retiisi	[reti:isi]
raisin	rusinat	[rusinat]
raspberry	vadelma	[ʋadelma]
recipe	resepti	[resepti]
red pepper	kuuma pippuri	[ku:ma pippuri]
red wine	punaviini	[puna ʋi:ini]
redcurrant	punaherukka	[punaherukka]
refreshing drink	virvoitusjuoma	[ʋiruojtus juoma]
rice	riisi	[ri:isi]
rum	rommi	[rommi]
russula	hapero	[hapero]
rye	ruis	[rujs]
saffron	sahrami	[sahrami]
salad	salaatti	[sala:tti]
salmon	lohi	[lohi]

salt	suola	[suola]
salty	suolainen	[suolajnen]
sandwich	voileipä	[ʋoj lejpæ]
sardine	sardiini	[sɑrdi:ini]
sauce	kastike	[kɑstike]
saucer	teevati	[te:ʋɑti]
sausage	makkara	[mɑkkɑrɑ]
seafood	äyriäiset	[æuriæjset]
sesame	seesami	[se:sɑmi]
shark	hai	[hɑj]
shrimp	katkarapu	[kɑtkɑrɑpu]
side dish	lisäke	[lisæke]
slice	viipale	[ʋi:ipɑle]
smoked	savustettu	[sɑʋustettu]
soft drink	alkoholiton juoma	[ɑlkoholiton juomɑ]
soup	keitto	[kejtto]
soup spoon	ruokalusikka	[ruokɑ lusikkɑ]
sour cherry	hapankirsikka	[hɑpɑn kirsikkɑ]
sour cream	hapankerma	[hɑpɑn kermɑ]
soy	soijapapu	[soijɑpɑpu]
spaghetti	spagetti	[spɑgetti]
sparkling	hiilihappoinen	[hi:ili hɑppojnen]
spice	mauste	[mɑuste]
spinach	pinaatti	[pinɑ:tti]
spiny lobster	langusti	[lɑŋusti]
spoon	lusikka	[lusikkɑ]
squid	kalmari	[kɑlmɑri]
steak	pihvi	[pihʋi]
stew	paisti	[pɑjsti]
still	ilman hiilihappoa	[ilmɑn hi:ili hɑppoɑ]
strawberry	mansikka	[mɑnsikkɑ]
sturgeon	sampi	[sɑmpi]
sugar	sokeri	[sokeri]
sunflower oil	auringonkukkaöljy	[ɑuriŋon kukkɑ ølʰy]
sweet	makea	[mɑkeɑ]
sweet cherry	linnunkirsikka	[liŋun kirsikkɑ]
taste, flavor	maku	[mɑku]
tasty	maukas	[mɑukɑs]
tea	tee	[te:]
teaspoon	teelusikka	[te: lusikkɑ]
tip	juomaraha	[juomɑrɑhɑ]
tomato	tomaatti	[tomɑ:tti]
tomato juice	tomaattimehu	[tomɑ:tti mehu]
tongue	kieli	[kieli]
toothpick	hammastikku	[hɑmmɑs tikku]
trout	lohi	[lohi]
tuna	tonnikala	[toŋikɑlɑ]
turkey	kalkkuna	[kɑlkkunɑ]
turnip	nauris	[nɑuris]
veal	vasikanliha	[ʋɑsikɑn lihɑ]
vegetable oil	kasviöljy	[kɑsʋi ølʰy]
vegetables	vihannekset	[ʋihɑŋekset]

vegetarian	kasvissyöjä	[kɑsʋissyøjæ]
vegetarian	kasvis-	[kɑsʋis]
vermouth	vermutti	[ʋermutti]
vienna sausage	nakki	[nɑkki]
vinegar	etikka	[etikkɑ]
vitamin	vitamiini	[ʋitɑmiːini]
vodka	viina	[ʋiːinɑ]
waffles	vohvelit	[ʋohʋelit]
waiter	tarjoilija	[tɑrʰøjlijɑ]
waitress	tarjoilijatar	[tɑrʰøjlijɑtɑr]
walnut	saksanpähkinä	[sɑksɑn pæhkiɲæ]
water	vesi	[ʋesi]
watermelon	vesimeloni	[ʋesi meloni]
wheat	vehnä	[ʋehɲæ]
whisky	viski	[ʋiski]
white wine	valkoviini	[ʋɑlko ʋiːini]
wine	viini	[ʋiːini]
wine list	viinilista	[ʋiːini listɑ]
with ice	jään kanssa	[jæːn kɑnssɑ]
yogurt	jogurtti	[øgurtti]
zucchini	kesäkurpitsa	[kesækurpitsɑ]

Finnish-English gastronomic glossary

äyriäiset	[æuriæjset]	seafood
aamiainen	[aːmiɑjnen]	breakfast
ahven	[ɑhʋen]	perch
alkoholijuomat	[alkoholi juomɑt]	liquors
alkoholiton	[alkoholiton]	non-alcoholic
alkoholiton juoma	[alkoholiton juomɑ]	soft drink
alkupalat	[alkupɑlɑt]	appetizer
ananas	[ananɑs]	pineapple
anis	[anis]	anise
ankerias	[aŋkerias]	eel
ankka	[aŋkkɑ]	duck
annos	[aŋos]	portion
aperitiivi	[aperitiːiʋi]	aperitif
appelsiini	[appelsiːini]	orange
appelsiinimehu	[appelsiːini mehu]	orange juice
aprikoosi	[aprikoːsi]	apricot
artisokka	[artisokkɑ]	artichoke
auringonkukkaöljy	[auriɲon kukka ølʰy]	sunflower oil
avokado	[aʋokado]	avocado
baari	[baːri]	pub, bar
baarimestari	[baːrimestari]	bartender
banaani	[banaːni]	banana
basilika	[basilikɑ]	basil
brokkolikaali	[brokkoli kaːli]	broccoli
brysselinkaali	[brysseliŋkaːli]	Brussels sprouts
cocktail	[koktejl]	cocktail
dieetti	[dieːti]	diet
etikka	[etikkɑ]	vinegar
gini	[gini]	gin
granaattiomena	[granaːtti omena]	pomegranate
greippi	[grejppi]	grapefruit
höyste	[høyste]	condiment
haarukka	[haːrukkɑ]	fork
hai	[haj]	shark
hammastikku	[hammɑs tikku]	toothpick
hampurilainen	[hampurilɑjnen]	hamburger
hanhi	[hanhi]	goose
hapankerma	[hapan kerma]	sour cream
hapankirsikka	[hapan kirsikkɑ]	sour cherry
hapero	[hapero]	russula
hasselpähkinä	[hassel pæhkiɲæ]	hazelnut
hauki	[hauki]	pike
hedelmä	[hedelmæ]	fruit
hedelmät	[hedelmæt]	fruits

herkkutatti	[herkkutatti]	cep
herne	[herne]	pea
hiilihappoinen	[hi:ili happojnen]	sparkling
hiilihappovettä	[hi:ili happovetta]	carbonated
hiilihydraatit	[hi:ili hydra:tit]	carbohydrates
hillo	[hillo]	jam
hillo	[hillo]	jam
hirssi	[hirssi]	millet
huhtasieni	[huhtasieni]	morel
hunaja	[hunaja]	honey
Hyvää ruokahalua!	[hyʋæː ruokahalua]	Enjoy your meal!
illallinen	[illallinen]	dinner
ilman hiilihappoa	[ilman hi:ili happoa]	still
inkivääri	[iŋkiʋæːri]	ginger
jää	[jæː]	ice
jäädytetty	[jæːdytetty]	frozen
jään kanssa	[jæːn kanssa]	with ice
jäätelö	[jæːtelø]	ice-cream
jälkiruoka	[jælkiruoka]	dessert
jauheliha	[jauheliha]	hamburger
jauhot	[jauhot]	flour
jogurtti	[øgurtti]	yogurt
juomaraha	[juomaraha]	tip
juomavesi	[juomaʋesi]	drinking water
juusto	[ju:sto]	cheese
kärpässieni	[kærpæssieni]	fly agaric
kaali	[ka:li]	cabbage
kahvi	[kahʋi]	coffee
kahvi kerman kera	[kahʋi kerman kera]	cappuccino
kakku	[kakku]	cake
kala	[kala]	fish
kalkkuna	[kalkkuna]	turkey
kalmari	[kalmari]	squid
kalori	[kalori]	calorie
kampela	[kampela]	flatfish
kana	[kana]	chicken
kaneli	[kaneli]	cinnamon
kaniini	[kani:ini]	rabbit
karamelli	[karamelli]	candy
karpalo	[karpalo]	cranberry
karppi	[karppi]	carp
karvas	[karʋas]	bitter
karviaiset	[karʋiajset]	gooseberry
kastike	[kastike]	sauce
kasviöljy	[kasʋi ølʰy]	vegetable oil
kasvikset	[kasʋikset]	greens
kasvis-	[kasʋis]	vegetarian
kasvissyöjä	[kasʋissyøjæ]	vegetarian
katkarapu	[katkarapu]	shrimp
kaura	[kaura]	oats
kaviaari	[kaʋia:ri]	caviar
keitetty	[kejtetty]	boiled

keittiö	[kejttiø]	cuisine
keitto	[kejtto]	soup
keksit	[keksit]	cookies
keltavahvero	[keltaʋahʋero]	chanterelle
keltuainen	[keltuajnen]	egg yolk
kerma	[kerma]	cream
kesäkurpitsa	[kesækurpitsa]	zucchini
kieli	[kieli]	tongue
kiivi	[kiːiʋi]	kiwi
kinkku	[kiŋkku]	ham
kinkku	[kiŋkku]	gammon
kivennäisvesi	[kiʋeŋæjs ʋesi]	mineral water
konjakki	[konʰjakki]	cognac
kookospähkinä	[koːkos pæhkiɲæ]	coconut
korianteri	[korianteri]	coriander
korkkiruuvi	[korkkiruːʋi]	corkscrew
kotletti	[kotletti]	fried meatballs
kreemi	[kreːmi]	buttercream
kuha	[kuha]	pike perch
kuivattu	[kujʋattu]	dried
kukkakaali	[kukkakaːli]	cauliflower
kumina	[kumina]	caraway
kuningasrapu	[kuniŋasrapu]	crab
kuori	[kuori]	peel
kuppi	[kuppi]	cup
kurkku	[kurkku]	cucumber
kurpitsa	[kurpitsa]	pumpkin
kuuma	[kuːma]	hot
kuuma pippuri	[kuːma pippuri]	red pepper
kylmä	[kylmæ]	cold
kylvövirvilä	[kylʋøʋirʋiʎæ]	lentil
laakerinlehti	[laːkerin lehti]	bay leaf
lahna	[lahna]	bream
lampaanliha	[lampaːn liha]	lamb
langusti	[laŋusti]	spiny lobster
lasi	[lasi]	glass
lasku	[lasku]	check
lautanen	[lautanen]	plate
lehmäntatti	[lehmæntatti]	birch bolete
leipä	[lejpæ]	bread
leivos	[lejʋos]	cake
liemi	[liemi]	clear soup
liha	[liha]	meat
likööri	[likøːri]	liqueur
limonaati	[limonaːti]	lemonade
linnunkirsikka	[liɲun kirsikka]	sweet cherry
lisäke	[lisæke]	side dish
lohi	[lohi]	salmon
lohi	[lohi]	trout
lusikka	[lusikka]	spoon
luumu	[luːmu]	plum
maapähkinä	[maːpæhkiɲæ]	peanut

maissi	[majssi]	corn
maissi	[majssi]	corn
maissimurot	[majssi murot]	cornflakes
maito	[majto]	milk
maitokahvi	[majto kahʋi]	coffee with milk
maitotiiviste	[majto ti:ʋiste]	condensed milk
majoneesi	[maøne:si]	mayonnaise
makaronit	[makaronit]	pasta
makea	[makea]	sweet
makeiset	[makejs et]	confectionery
makkara	[makkara]	sausage
makrilli	[makrilli]	mackerel
maksa	[maksa]	liver
maku	[maku]	taste, flavor
malja	[malʰja]	glass
mandariini	[mandari:ini]	mandarin
mango	[maŋo]	mango
mansikka	[mansikka]	strawberry
mansikka	[mansikka]	field strawberry
manteli	[manteli]	almond
margariini	[margari:ini]	margarine
marinoitu	[marinojtu]	pickled
marja	[marʰja]	berry
marjat	[marʰjat]	berries
marmeladi	[marmeladi]	marmalade
maukas	[maukas]	tasty
mauste	[mauste]	spice
mehu	[mehu]	juice
meloni	[meloni]	melon
merilohi	[merilohi]	Atlantic salmon
monni	[moŋi]	catfish
muna	[muna]	egg
munakas	[munakas]	omelet
munakoiso	[munakojso]	eggplant
munat	[munat]	eggs
muru	[muru]	crumb
murukahvi	[muru kahʋi]	instant coffee
musta kahvi	[musta kahʋi]	black coffee
musta pippuri	[musta pippuri]	black pepper
musta tee	[musta te:]	black tea
mustaherukka	[mustaherukka]	blackcurrant
mustikka	[mustikka]	bilberry
myrkkysieni	[myrkkysieni]	poisonous mushroom
myrkkysieni	[myrkkysieni]	death cap
nakki	[nakki]	vienna sausage
naudanliha	[naudan liha]	beef
nauris	[nauris]	turnip
neilikka	[nejlikka]	cloves
nuudeli	[nu:deli]	noodles
ohra	[ohra]	barley
oliiviöljy	[oli:ʋi ølʰy]	olive oil
oliivit	[oli:ʋit]	olives

olut	[olut]	beer
omena	[omena]	apple
osteri	[osteri]	oyster
päärynä	[pæ:rynæ]	pear
päivällinen	[pæjʋællinen]	lunch
paistettu	[pajstettu]	fried
paistettu muna	[pajstettu muna]	fried eggs
paisti	[pajsti]	stew
pala	[pala]	piece
pallas	[pallɑs]	halibut
papaija	[papaija]	papaya
paprika	[paprika]	bell pepper
paprika	[paprika]	paprika
parsa	[parsa]	asparagus
pavut	[paʋut]	beans
pavut	[paʋut]	kidney bean
pekoni	[pekoni]	bacon
persikka	[persikka]	peach
persilja	[persilʰæ]	parsley
peruna	[peruna]	potato
perunasose	[peruna sose]	mashed potatoes
pihvi	[pihʋi]	steak
piirakka	[pi:irakka]	pie
pinaatti	[pina:tti]	spinach
piparjuuri	[piparʰju:ri]	horseradish
pirtelö	[pirtelø]	milkshake
pistaasi	[pista:si]	pistachios
pizza	[piʦa]	pizza
porkkana	[porkkana]	carrot
pullonavaaja	[pullonaʋa:jæ]	bottle opener
punaherukka	[punaherukka]	redcurrant
punajuuri	[punaju:ri]	beetroot
punaviini	[puna ʋi:ini]	red wine
punikkitatti	[punikkitatti]	orange-cap boletus
puolukka	[puolukka]	cowberry
purkinavaaja	[purkinaʋa:jæ]	can opener
purukumi	[purukumi]	chewing gum
puuro	[pu:ro]	porridge
rasvat	[rasʋat]	fats
resepti	[resepti]	recipe
retiisi	[reti:isi]	radish
riisi	[ri:isi]	rice
riista	[ri:ista]	game
rommi	[rommi]	rum
ruis	[rujs]	rye
ruoka	[ruoka]	course, dish
ruoka	[ruoka]	food
ruokahalu	[ruokahalu]	appetite
ruokalista	[ruoka lista]	menu
ruokalusikka	[ruoka lusikka]	soup spoon
ruokasieni	[ruokasieni]	edible mushroom
rusinat	[rusinat]	raisin

säilykkeet	[sæjlykke:t]	canned food
sahrami	[sɑhrɑmi]	saffron
saksanpähkinä	[sɑksɑn pæhkiɲæ]	walnut
salaatti	[sɑlɑ:tti]	lettuce
salaatti	[sɑlɑ:tti]	salad
sampi	[sɑmpi]	sturgeon
samppanja	[sɑmppɑnʰjɑ]	champagne
sardiini	[sɑrdi:ini]	sardine
savustettu	[sɑuustettu]	smoked
seesami	[se:sɑmi]	sesame
selleri	[selleri]	celery
sianliha	[siɑn lihɑ]	pork
sieni	[sieni]	mushroom
silava	[silɑuɑ]	lard
silli	[silli]	herring
sinappi	[sinɑppi]	mustard
sipuli	[sipuli]	onion
sitruuna	[sitru:nɑ]	lemon
sivumaku	[siuumɑku]	aftertaste
soijapapu	[soijɑpɑpu]	soy
sokeri	[sokeri]	sugar
spagetti	[spɑgetti]	spaghetti
suklaa	[suklɑ:]	chocolate
suklaa-	[suklɑ:]	chocolate
suola	[suolɑ]	salt
suolainen	[suolɑjnen]	salty
suurimot	[su:rimot]	cereal grains
tähkä	[tæhkæ]	ear
täyte	[tæyte]	filling
taateli	[tɑ:teli]	date
tahna	[tɑhnɑ]	pâté
tarjoilija	[tarʰøjlijɑ]	waiter
tarjoilijatar	[tarʰøjlijɑtɑr]	waitress
tattari	[tɑttɑri]	buckwheat
tee	[te:]	tea
teelusikka	[te: lusikkɑ]	teaspoon
teevati	[te:uɑti]	saucer
tilli	[tilli]	dill
tomaatti	[tomɑ:tti]	tomato
tomaattimehu	[tomɑ:tti mehu]	tomato juice
tonnikala	[toɲikɑlɑ]	tuna
tumma olut	[tummɑ olut]	dark beer
tuoremehu	[tuore mehu]	freshly squeezed juice
turska	[turskɑ]	cod
vaalea olut	[uɑ:leɑ olut]	light beer
vadelma	[uɑdelmɑ]	raspberry
valkosipuli	[uɑlko sipuli]	garlic
valkoviini	[uɑlko ui:ini]	white wine
valkuainen	[uɑlkuɑjnen]	egg white
valkuaisaineet	[uɑlku ɑjsɑjne:t]	proteins
vasikanliha	[uɑsikɑn lihɑ]	veal
vatukka	[uɑtukkɑ]	blackberry

vehnä	[ʋehɲæ]	wheat
veitsi	[ʋejtsi]	knife
vermutti	[ʋermutti]	vermouth
vesi	[ʋesi]	water
vesimeloni	[ʋesi meloni]	watermelon
vihannekset	[ʋihɑŋekset]	vegetables
vihreä tee	[ʋihreæ te:]	green tea
viikuna	[ʋi:ikunɑ]	fig
viina	[ʋi:inɑ]	vodka
viini	[ʋi:ini]	wine
viinilista	[ʋi:ini listɑ]	wine list
viinirypäleet	[ʋi:inirypæle:t]	grape
viipale	[ʋi:ipɑle]	slice
vilja	[ʋilʰjɑ]	grain
viljat	[ʋilʰjɑt]	cereal crops
virvoitusjuoma	[ʋirʋojtus juomɑ]	refreshing drink
viski	[ʋiski]	whisky
vitamiini	[ʋitɑmi:ini]	vitamin
vohvelit	[ʋohʋelit]	waffles
voi	[ʋoj]	butter
voileipä	[ʋoj lejpæ]	sandwich

Printed in Great Britain
by Amazon